ダンス・イン・ザ・ファーム

周防大島で坊主と農家と他いろいろ

周防大島 is 屋代島!

In Suo Oshima, Being a Monk, Farmer, and so on

Dance in the Farm

まえがき

周防大島《すおうおおしま》に住んでいる。

かつて全国で一番、高齢化率（総人口のうち六十五歳以上の方が占める割合）が高かった、と言われている地域だ。形は横長の島で、僕がいるのは、島の真ん中よりも少し東に外れた場所にあたる。海沿いの浜ごとに、住民が住む集落が作られているような感じ。

瀬戸内海では淡路島、小豆島についで三番目に広い面積の島で、岬と浜がキザギザを刻んで外周は約一六〇キロ。こちらは、瀬戸内海二位に躍り出て、小豆島を抜くらしい。ぐるっとするのに、車で二、三時間はかかる。

「けっこう大きいんだね、この島」

初めて来た人はみんなこう言うのだけど、実際僕もそう思った。想像よりもなかなか大きい島なのだ。

この島は、地図でいうと瀬戸内海の左端、その渦巻《うずま》く海峡に、全長一キロの橋が架《か》かっている。本州とは、徒歩、自転車、車で行き来ができる。その海峡は毎日必ず二回、潮の流れが左右逆向きになる。ずーっと昔から、月の作用でサイドチェンジを繰り返している。

いわゆる「平成の大合併」、全国的に起こった市町村の合併のころ、島で四つに分かれていた町が一つになって、大島郡・周防大島町になった。現在、離島を含んだ一つの自治体である。身のまわりでは、年配の大先輩が今も現役で活躍中だ。

僕は、いろいろあって二〇一三年春に東京・杉並からここに移り住んだ、現在四十代を生きる人間のひとり。決断して、実際に引っ越したのは三十四歳のころ。当時は、妻と三歳児の三人家族だったけど、島に来て一人増えた。

いわゆる田舎暮らし、地方移住、というキーワードで語られる一つのケースだとも思う。僕の場合は田舎暮らしをしたかった、というよりは、結果的に移り住めたという感覚で、目の前の縁をたどっていったら今の形になっていた。「なんだ、はっきりしねえな」という生き方かもしれない。「こんな田舎によく来たね」とよく言われるけれども「来させてもらってありがとう」が正直な気持ち。島の人や風土に、そう思わずにはおれない。

島では当たり前の日常が、東京暮らしから見るとハプニング。それに加えて、島でも予期せぬ非日常の出来事が、日々起こっている。東京から遊びに来てくれた友だちには「ここに来なきゃよかった」と言われた。こういう暮らしを知らなければよかった、と。

この地でこの八年間、農業、イベントやオンラインショップの運営、ジャムの店や他の農家さんのお手伝い、僧侶のお勤めなどなどをしてきている。

移住にかぎらず、僕はこれまで、どんなことも基本的に「〇〇するつもり」という気持ちがあまりなくて、巻き込まれ系と言ったらいいか、気づいたらそこに立っていたということが多かった。

移住直前まで、一応、音楽が仕事だった。でも職業にしたかったのではなくて、ただ普通に生きたかっただけだった。でも、「普通」って、そういえばなんだっけ？

思えばその前からちょいちょい「はてな？」と思うことに、つまずいていた。バンドの中でも「考えすぎ」「なんでなんで君」と言われたことがあった。巻き込まれ系と書いたけれども、その種を、きっと自分でせっせと蒔《ま》いていたのかもしれない。「？」と思いながら。

音楽では日本のたくさんの地域をまわって、決して少なくない人たちに支えられてきた。ただ、移住前には、毎日ＣＤを中古屋に売って生活をしのいでいたぐらいのテンションで、貯金はまったくない状態だった。そこから始まった、毎日のドタバタ。

世の中にはいろいろな境涯の人がいる。島ではいろいろな生き物を目にする。タケノコの毛や生態を見れば植物と動物の境目もわからなくなるし、ウイルスの存在を聞けば物質と生物の境のわからなさも教えてくれる。よく考えたら、身のまわり全部が驚きの連続だ。

この本は、ある島での僕の体験、あくまで僕から見た景色。マイ・ケース。なんとなく分けると、第一部、第三部は僕の生活ぶり、中盤の第二部は、ちょっとスピードを落としてFolklore的観察です。

恵まれているかもしれないし、貧乏暇なし、地べたに這いつくばって生活しているとも言える。とにかく心が動いたことを人とシェアするのが昔から喜びなので、一緒に楽しんでもらえたらうれしいです。よかったら。

中村明珍

もくじ

第三部　空白期、そして今

7　こむぎ

筆者註：ステージネーム・芸名は敬称略とさせていただきます。

YEAH!

第一部 暮らしの体験

1

おお、周防大島

七十五歳は新人よのう

「はるか上のほうにあがってしもうてから。さみしうなるわ」

近所のおばちゃん（八十二歳）がゴミ捨て場で声をかけてきた。なぜかと言うと、二〇一八年春、五年住んだ海側の住居から、丘側に引っ越したから。はるか上、と言っても歩いて五分くらいの場所だ。

「あなたたちが家から出入りしてるのを見て、部落に灯がついたと思った」

「部落に花が咲いた」

「さみしくなるよ」

こっちが恐縮するほどの気持ちを伝えてくれたのは、前の家の近所のおっちゃん（八十代）。移る前も、移った先も半径五〇〇メートルくらいの話なのに、ものすごく遠くへ引っ越してしまったかのような反応でちょっと笑ってしまった。

で、引っ越した先の家。毎朝七時になると高速木魚の音が聴こえてくる。発信源はうちの下の家で、なんのお経かはわからないけど、とにかく速い。力強い。乱れない。「ああ今日も始まったな」というリズム。

「若い人が来てくれたけえ、助かるよ」

ただ住んでいるだけなのに、そう言ってもらえてこちらもうれしい。ちょっと不思議な感覚だ。

そこからすぐ近くにある、妻のお母さんの実家。そこで繰り広げられる「耳の聞こえにくい祖母」と「意思をうまく伝えられない息子」のやりとりが泣けてくる。

二歳「おばあちゃんお外《そと》いって!!（怒）」
九十一歳「……はあ!? 聞こえん!!（怒）」
二歳「お外いって!!（怒）」
九十一歳「お菓子食べる？」
二歳「…………うん」

その祖母の娘である、僕たち夫婦のお母さん。以前、冷蔵庫にマグネットでしっかり貼ってあった封筒に目をやると「エコポイント」のメモ。でもよく見るとそこには「エロポイント」と書いてあった。……惜しい。

集落の中心は地理的にもなんとなく精神的にも「八幡《はちまん》」さん。神社である。住民で関わらない人はいないと言ってもいい場所。というか自治会的には知らず知らずに関わることになるその神社の、一年の祭祀《さいし》を務める宮司さんが現在九十歳。別の集落の、大きい八幡さんから行事ごとに来られる女性。

かつてあったと言われる田んぼは、周辺ではすべてみかん栽培などの畑に転換し、米を作らなくなって久しい地域だ。だけど、「祈年祭」「新嘗祭《しんじょうさい》」と稲作のサイクルを残した行事を今も続けている。

毎年初夏に、集落内の河川清掃と海岸清掃を行う。

作業の休憩中に、一緒にいたおばちゃんたちがこぼしていた。

「こがあに人が減るたあ思うちょらだった」（こんなに人が減るとは思ってなかった）

一五〇人足らずの集落のうち、三、四十代は僕たち家族だけで、主力の住民は七、八十代。談笑しながら、ときには愚痴をこぼしながら、その清掃作業を淡々とこなす。たぶん「この作業をやらないとあとで大変だから」ということなんだろう。

若い人間でもそれなりに汗をかく業務なので、

「そのうち、ウチの子が手伝いますから、そのときは子どもに教えてくださいね」

と言うと、

「はー、そのころにゃもうワシらおらんけえ」

とおっちゃんたちが笑った。

隣の家のおじさんは最近、七十歳にして初めて地域の消防団に入ったそう。別の地域の知人からは「ほんとに火事があったとき大丈夫か?」とも言われた。


「七十五歳は新人よのう」

これはすでに「敬老会」に入っている方と、これから入る方とのやりとり。会話に参加していなかった僕はこの言葉が聴こえてきてたまげた。

「○○のおばちゃんは、あっこにも登って畑やりおったけえねえ」

と指さして教えてくれた場所は丘の中腹、つまりナナメになっている畑。僕でも難儀しそうな場所だけど、そのおばちゃんは九十四歳。

とにかく、僕がこれまで培《つちか》ってきた経験では歯が立たない。意味がわからない。逆に、ただ若い者がいるだけで喜んでもらえているという、ある意味とてもシンプルな現象があり、それだけは確かな感触を残してくれる。これまでの会話で見てきたように「若い」の定義もなかなか斬新《ざんしん》である。

親戚のおっちゃんにシイタケの駒《こま》の打ち方を教わった。それなりに重たい原木を切ってきて、運んで並べて。僕と友だちとでキラキラした目でおっちゃんの指導を待っていると、

「なんでそがなことをわざわざするんか」

と言われてしまった。つまり、原木をホームセンターかどこかで「買ってくればええ」。僕たちにとっては、原木を切ってくるところからが楽しいのに。こんな作業すぐ飽きると思われているのだろうか。

初心者なのでいろいろ尋ねて申し訳ないという気持ちでいると、

「百姓を始める前はみな初心者じゃけえねえ」

「何歳でも始められるけえ」

と諭《さと》してくれた。

また別の日のあるときは、こんなことも言われた。

「消毒せにゃあ、できん」

農業に取り組むにあたり、「農薬をまかないと作物はできないぞ」と。僕自身はそうではない農業、つまり、農薬を使わないための知恵や工夫を各地の農業の勉強会で教わったこともあり、「できないぞ」というその断言にはちょっと戸惑った。

「やめやめい。そりゃ焚《た》きつけじゃ」

わざわざ運んできた原木、もったいないような気持ちで枝のように小さなものにもシイタケの駒を打とうとすると、その木は「燃やせ」と叱られてしまった。打ってもムダ、ということだろう。おっちゃん、笑っていたけど。

そういえば、島に来て二年目。イベントの運営を始めた際に驚いたことがあった。誰がイベントに興味を持ってくれるかわからないので、チラシを作って島内だけでなく外にも配りに行くことにして、山口の遠方や広島や愛媛にも足を延ばしたわけなのだけど、チラシを手渡ししたときに「遠いなあ」と言われたのは意外にも買い物圏内の人。車で三十分から一時間くらいのところだった。

「ち、近くない?」とその瞬間は思ったけど、たしかに今となってはわかる気がする。きっと、近いか遠いかが肌で感じられる距離感が基準になっているのだ。車で三十分は以前の僕なら「近所」扱いだったけど、今は歩いて五分が「はるか上のほう」。僕は、そういう場所に住んでいる。

文字通り、半径五〇〇メートルの世界でありながら、でも、海でつながっているから、世界は広いということも知っている。その両方が、この地の暮らしの味わいなのではないかと思い始めている。

夕方、集落内の道を通ると、よその家のテレビの音が大音量で聴こえてくる。そして先ほども登場した、耳の遠い祖母（大のカープファン）と、意思を伝えられない息子（カープファンになった）の二人の会話が食卓で炸裂《さくれつ》中だ。

二歳「……ねむたい」

九十一歳「はあ？　四対四!?」

一五〇人ほどの集落は毎日静かに、かつ騒がしく営まれている。そんな場所に、よそ者が来た、ということである。

慈悲

二〇一八年七月、前述の祖母が息を引き取った。つい先ごろまで自宅で暮らしていたので、徐々にではなく、突然の旅立ちだった。僕が移住したばかりのころには、普通に山のみかん畑に出かけて作業をしていたし、最近でも自宅で近所のおばちゃんたちと大きな声でおしゃべりしていたから、びっくりした。

そもそも、二〇一一年の震災があったときには東京で暮らしていた僕たち家族。妻と当時三歳の娘は、そのおばあちゃんが住んでいる周防大島に移って、一時的のつもりだったはずがそのまま定着。それがのちの僕の暮らしの始まりになった。東京とまったく違って「保育園にすんなり入れた」という点も大きかったし、なにより、海も山もあるおおらかな地形が体にしっくりきたような感じだった。

大のカープファンであるおばあちゃん。祖母（大カープ）、母（ややカープ）、叔母（大カープ）、妻（最近カープ）、娘（洗脳カープ）と四世代で暮らせた光景は祖母にとってもよかったようで、見舞いに来た義理の兄（特大カープ）に、「幸せだった」と伝えていたそう。もちろん僕たちにとっても子どもたちにとっても幸せな時間でしかなかった。

さっきふと、島のルールでゴミ袋の名前を書かなければいけない欄に目をやったら、祖母の名から、父の名に変わっていたことに気づいた。淡い色のような、さみしい気持ちが込み上げた。

八月中旬、お盆の勤めで兵庫のお寺に寝泊まりしていた朝。お坊さん数名と毎朝の食卓を囲む時間に、突如としてテレビのニュースから「周防大島」というワードが飛び出してきた。二歳児の、行方不明の一件が流れていたのだ。僕が住んでいる場所とはだいぶ離れている地域（車で三十分くらいの場所）だったので、土地勘はまったくなかったのだけど、うちの下の子どもと一歳違いの男の子の事件。自分が住んでいる場所と同じような景色の続く地域。とてもとても、人ごととは思えなかった。

これから僕たちの家となる予定の、廃保育園のリフォームを手掛けてくれるくろき建築工房の黒木淳史さんはそのころ、まさに現場の地域、「家房《かぼう》」という集落で作業中だったそうだ。

「もうね、仕事にならんのよ。切なくて」

と黒木さん。作業していた家の近くには多くの捜索隊が入り、集落の防災スピーカーで連絡の声、そしてお母さんの声。反応が聴こえるようにと、放送が流れたあと、手を止め静かにするのだそう。話を聴いただけで胸がギュッとした。

なので、その後一躍時の人となった、ボランティアの尾畠《おばた》春夫さんによる発見には全国の皆さんと同じかそれ以上に、ほっと胸をなでおろした。いなくなった日は一歳だったのに、見つかったときには二歳。誕生日をまたいでいたのも、見つかった今となってはなんともかわいらしい現象だ。大分からはるばるやって来た尾畠さん、テレビやネットで流れるその佇《たたず》まいを見て、お寺帰りの僕は「祈りが人の形をしてるような……」と思った。


帰ってすぐに、いつものように島のジャム屋「瀬戸内ジャムズガーデン」での勤務に向かった。お盆の時期は、お寺のお盆参りもそうだけど、島の観光も、人人人。その休憩時間に一緒に働いている地元出身の学生がこんな話をしていた。

「何年か前にも、同じようなことがあったよね」

休憩室の他の人たちも「あったよね～」と。その一件は、今回の件とほぼ同じようなケースで、やっぱり三日後ぐらいに沢で見つかった子どもがいたのだそうだ。そんなに昔でない、数年前の話だ。

この手の話、じつは周防大島出身の宮本常一《つねいち》の著作にも同じような記載がある。これってたまにある光景なの？　と驚く感じだけど、神隠し↓見つかる、みたいなことが起こるこの島の風土は、不思議と言えば不思議。だけど、ありそうっちゃあ、ありそう。

この渦中、僕はふと、こんなことを考えていた。島に住む自分にとってはどういう意味？　どういうサイン？　と。ともすれば深く考えることもないかもしれないけど、今年の一月には島全体の断水があり、七月には西日本の大豪雨で各所が崩れ、被害もあった。そして、不幸中の幸いと言うべきか、島ではいずれも人が亡くなるという被害までは至らずにすんでいる。

さらに、尾畠さんのような人も登場した。その姿を見るに、やっぱり「祈り」だったり「願い」みたいな、東京育ちの僕にとってはなじみの薄かった、フツーで単純で素朴な気持ち。その強さ、確かさを観た。

もっと言うと、「生命」そのものを、そのものとして感じるのにちょうどよさそうな場所。この島はその一つとは言えるのかな、とも思った。祖母の死もあり、一連の流れが僕にとってはそれが自然に思えたし、むしろそう感じないのはもったいない、というぐらいに。
でも、もしかしたら今、どんな場所もそうなのかもしれない。

ラジオ受信機を耳にこすりつけるようにして「カープ・ナイター」を聴くのが楽しみだった祖母。食事の席にはカープの選手名鑑がいつも置いてあった。今、仏壇にそのラジオが置いてあり、試合の日にはスイッチオン。

旅立ったちょうど一カ月後の、八月二十三日。義理の兄（特大カープ）がチケットを譲ってくれて、初めて家族で広島・マツダスタジアムでの試合を観ることになった。入手困難なチケットを手に、同じく熱烈カープの叔母と球場にイン。

試合は、四回までで〇―七でボロ負け。八回までで盛り返すも五―八、「もうこれは負ける試合だわ」と僕は一人家族を乗せる車を引き取りに駐車場へ。サッサと球場をあとにした。

試合終了後、再会した家族の様子がなんかおかしい。そう、僕が観ていない九回のウラに四点を入れて、奇跡のサヨナラ逆転勝利をおさめていたのだ。初めて行った生野球のスゴ試合に、大興奮するわが家族。前の席の知らない夫婦も泣いていて、見ず知らずのわが子たちに握手を求めてきたそう。完全なる一体感。

「○○選手の背番号は何番でしょう⁉」

帰ったら、カープの力の字もなかった小四の娘が見事なカープ女子に化けていた。

「じゃあ、○○選手は⁉」

知らねーよ！　おばあちゃーーーん。

グレー

二〇一八年九月にあった「大阪の警察署からの逃走犯、山口で確保」の一件。この〝事件〟は島の雰囲気の一端を表しているような気がしている。

なぜかと言うと、その犯人、周防大島に一週間以上滞在していたからである。しかもわが家からもほど近い、島の「道の駅」を中心として、静かに広がっていた出来事の波紋。そして島の光景。大阪で留置されていたある容疑者が名前を変え、自転車での日本一周旅行を装って西日本を転々とし、周防大島を経由して周南市で捕まった。その間、この島でどんなことが起こっていたかを書いてみたい。

数日前に娘の小学校の運動会があり、その準備の最中、知り合いの一人に訊いた。

「なんかあの犯人、道の駅にいたらしいですよね？」

「そうそう、私、声かけたんですよ。『あんたどっから来たん?』って。びっくりしましたよ〜」

「えーーーっ!」

相当目立っていたから、つい声をかけたそう。たしかにそうやって声をかけること、ここではよくあります。

用事のついでに集落の自治会長にも訊いてみた。すると、

「僕ね、見かけたよ。見慣れない人が『日本一周』って書いて走ってるんだから」

「『がんばってるな〜』って感じで見てたよね。ここも通ってたよ。あーびっくり」

「友だちは話しかけたって言ってたよ」

僕の親戚はこう言っていた。

「あとで考えたら隣でご飯を食べていて、ニュース見てあーーーっとなった」

見かけた人だけでもかなりの数がいる模様だ。妻の職場である体育館ではシャワーを浴びていたそう。僕たち夫婦はそろってまったく気づかなかったけど。

なかでも、当人の「写真を撮った」ために、時の人となってしまった道の駅「サザンセトとうわ」の支配人、岡崎竜一さん。報道によると、逃走犯は逃げているにもかかわらず岡崎

さんの撮影のオーダーに快く応じたり、その辺で寝泊まりしたり。岡崎さんもご飯を食べさせたりしていたみたい。

その話、直接聞いてみたいな～とぼんやり想像していた、わが家への帰り道。軽トラの窓越しに向こうからやってくる自転車を見ると、なんと岡崎さんその人。やった、タイムリー。何メートルか通り過ぎて立ち止まってくれた。

「カツとじ定食食べさせたら喜んでさ」

バッタリ会った小高い丘の中腹、海を望むきれいな場所で、ナマの話を聞かせてもらえた。

「『倉庫に泊めてもらったお礼に、仕事をさせてください』って」

岡崎さんは、寝泊まりするためにと倉庫を貸したんだそう。「仕事をさせてください」ってなんとなく『千と千尋の神隠し』な場面。いきなりレジに立ってもらうわけにもいかず、代わりに草むしりを依頼すると、喜んでやっていたとのこと。二〇〇〇円ほどの体育館のシャワー代を出してあげたし、従業員の方々とも仲良くしていた、と。

ニュースを読むと、近所の人も郷土料理の「茶粥」など、食事を施《ほどこ》していたみたい。僕もこれらを聞きながら（そりゃそうするよねえ）と思っていたので、

「これって、島では日常って感じですよね」

と言うと、

「そうなんだよ」

と応答してくれた。

記事では、食べ物を提供した近所の女性が、「困っている人に優しくするのは当然だが、こんな事件になって悔しい」と話す（「毎日新聞」二〇一八年十月三日）とあって、僕もまあたしかになあ〜となんとも言えない気持ちになったのだけど、一方でこんなことも思った。

優しくする行為自体は、優しくする人が「そうしたい」と思うからこそ、そこに生まれるわけで。「罪を犯した人」と、誰かが「何かを施す」ことの間にはあんまり関係はない。それよりも、島の近所の人や、道の駅の岡崎さんのように、施すという行為が自然に出てくる、「当然」と思える、そのこと自体が僕のような者には「当たり前じゃない」ように思える。

この慈悲なる気持ちは、ことさら美談にする必要もないし、否定することでもないし、よそ者的には、これからもこうあればいいなあ、と思うばかり。


そういえば、島にある「日見《ひみ》の大仏」でおなじみの古刹《こさつ》、西長寺の川西恵史住職にこんなことも伺っていた。島のよさは「お接待」にある、と。

百五十年前。明治維新という歴史の境目に、周防大島は長州藩と海を挟んだ愛媛松山の幕府側の間にあって激戦地となった。長州側が勝ったことで明治へとつながっていくのだけど、このとき島で大変多くの犠牲が出てしまった。島にいた佐々木純円という和尚がそのことに胸を痛めて、供養する意味を込めて四国八十八ヶ所に由来した「大島八十八ヶ所」を作ることを決意した——。

川西住職は「これは島を初めて一つにしたプロジェクトでもあったんよ」と言う。今でこそ島全体が「周防大島町」と一つの行政区分になっているけれど、大島というだけあってそれまでは常に二つ、もしくは三つや四つに地域や文化が分かれていた。それを図らずも一つに結ぶことになったのが八十八ヶ所であり、周防大島のお遍路だった、と。

お遍路では、歩く人ももちろん修行なのだけれども、住民の側からしても、道行くお遍路さんに食べ物などを施したり（お接待）、一夜の宿を提供（善根宿《ぜんこんやど》）することが供養であり修行でもあり喜びでもある。大事なのは「見返りを求めるものではない」ということ。自分の功徳《くどく》を積むことが喜び。

四国で長い年月をかけて育まれた文化が、周防大島にも根を下ろしていった。それが現在の「よそ者」に対しての数々の対応にも表れているような気がする、ということだった。

加えて、この島はハワイなどへの移民を多く輩出してきた、という面もある。つまり、以前から「よそ者」が行ったり来たりする場所で、移住者である僕もこうして楽しく暮らせているのは、そんな風土があるからだとも、たしかに思える。

八月には「祈りが人の形をしている」と思ってしまった、お盆の一件もあった。

この逃走犯、周防大島に来た理由を「夏に二歳の子供が四日間さまよって発見された場所だと聞き、ぜひ行ってみようということで来た」と語っていたという（「FNN PRIME」二〇一八年十月一日）。

まさかあの子の発見のことが彼に直接的に働きかけているとは思わなかったけど、でもそうだよな、そう思うかもな、とそこは妙に納得できなくもない。

この道の駅では「何も盗られなかった」と岡崎さんは話してくれた。近くでもとくに何も起こらなかったとか。一方、旅する間にこしらえたあのたくさんの荷物は、どこでどう手に入れていたのか。捕まった今、考えるほどに混乱する。


僕はこのタイミングで東京のバンド、GEZANのつい先日発表された新譜にまつわるインタビューを読んでいた。そこには、ヴォーカルのマヒトゥ・ザ・ピーポーのこんな言葉があった。

「黒と白だけじゃない、悪魔と天使だけじゃない、もっと曖昧なものを掬《すく》い取りたい」（「Real Sound」）。

僕はこの島での一件に、整理がつかないものを見た。もちろん、捕まったことにも理由があり、各当事者たちに起こった何かがある。どんな罪を犯したのか、事に応じて償わなければいけないこともあるだろう。それと同時に、一つひとつのことが過去、現在、未来と重なり絡みあった場所は、やっぱり単純に正と邪、善と悪などときれいに分けることができない。それこそが、今生きている世界だよな、と。その作品を聴き、歌詞を読みながら、島でのことや世の中のことがじりじりと重なっていった。

生きている、とはどういうことだろう。そういうことを考えることのできる場所にいる。そんなふうに思った。

ちなみに道の駅「サザンセトとうわ」では、この騒動のあと例の「カツとじ定食」がなぜか売れているという。そしてさらに、日本一周自転車旅をする若者が訪れるメッカになってしまった。あの構図と同じ、「記念写真」を撮るのだ。岡崎支配人はそのたびに快く応じるという。自転車が好きだから。

うーん、うーん。謎！

2

あなたの本業ってなに？

かゆいところに屁が届く

「あの、すみません。ちんさんって……何してる人なんですか？」
「あのさ、今さらなんだけど……チンくんて……何してるの？」

同じ日の一時間以内に、たまたま別の場所で、別の女性から立て続けに訊かれた。ごめんなさい。そんなに僕の存在、ピントが合いづらいかな？　知り合ってそれなりの年月が経っているので、逆に申し訳ない気持ちになった。

生活の場所、仕事が変わって八年、だいぶ暮らしも板についてきてよさそうなものである。こういった質問があるたびに同じ話をする。もうそろそろ話し慣れてきてもいいはずなんだけど。

「学校でさ、親のことを紹介する授業があってね、そういえばとっとって何やってるんだっけ？」

今度は娘からだ。「とっと」は娘がつけた、小さいころからの僕の呼び名だ。小学六年生になった彼女いわく、

「よくわかんなかったから、とりあえず『お坊さんです』と答えといたよ」

その娘は、わが家の食卓で五歳の息子にクイズを出していた。

姉「さて、とっとの名前は、なんでしょうか〜!?」
弟「う〜ん……なかむら、とっと！」
姉「ぶーーー！」
弟「う〜〜〜ん。なかむら……ちんさん！」
娘は僕と妻に向かって、
姉「ねー、ぜったいこの人とっとの本当の名前知らないよ」
と大笑い。僧侶の名前で今は「明珍」、でも僕の戸籍上の名前は「章宏」。これまた普通は「あきひろ」と読むのに「たかひろ」と読むというややこしい名前。バンドでの名前はチン中村。僕はいったい何者なんだ。というか、息子に名前を覚えてもらえていないまま、ここ

までてしまったのか。ううっ。まあいっか。

「最初はですね、東京でうんぬん、それから農業をやろうとしてかんぬん……」

先述の女性たちに説明を始める。だが、なかなか流暢《りゅうちょう》に話せない。というか途中で「それでどうだっけ？　最近何やってたっけ」と自分でわけがわからなくなって、自分で飽きちゃって。話がフリーズ。

いや、それもそのはず。僕だってなんなのか、いまだにわかっていないのだ。

ウ――――。
バイト先に向から軽トラックを軽快に運転中、後ろのほうからパトカーの音が近づいてきた。
#$%&○◆＊（パトカーが何かを呼びかけている）
ウウウ――――――――。

あれ、誰だろう。あらら。とりあえず左に避けよう。

「そこの軽トラ、停まりなさい」

俺かい！　車通りの多い場所で、僕は違反で止められた。そのとき、窓からのぞき込む警察官に言われた。

「免許証を見せてください。えーーっと、職業は、なんですか？」

…………出た。

フリーズしてしまった。その一分ぐらいが、永遠に感じられた。黙れば黙るほど怪しさが増してしまう。焦れば焦るほど出ない。でもね、おまわりさん、僕悩んでるんです。最初は農業やろうと思ってアルバイトもやって僧侶でそれから……おまわりさん。悩んでるんです、僕。

「えーーーっと、えーーーっと」

最初のころやってきたこと、言ってきたこと、それから今やってること。これまであちこちで記録してきたものの助けを借りてがんばってフォーカスしてみます。えーーーっと。

里山のナゾ太郎

「もしもし、あ、百姓の○○です」

「うーん、『百姓』が理想っていう感じですかね」

僕のまわりの農業者の諸先輩や若い人たちのなかには、職業を訊かれたとき、このように「百姓」と答える方が少なくない。その「百姓」という言葉には、どこか「誇り」のようなものがにじんでいる気がする――。


百姓かあ。


十八歳から三十代半ばまではずっと音楽三昧《ざんまい》の生活だった。

「あなたは何をやっているの？」

「ロックとかパンクとかいう音楽を演奏するバンドでギターを弾いています」「ギターを壊すこともあります」「時々マネージャーみたいなこともやります」「イラストも描きます」「運転手もやります」

仕事と言っていいのか、遊びと言っていいのか。生活の糧《かて》を稼ぐことと一体となっていたので、仕事を訊かれればこれらのことを説明していた。両親は最初意味がわからなかったことだろう。

三十四歳のときに東京から山口県へ引っ越した。

「あなたは今、何をやっているの？」

「農家と僧侶を兼務しております」

両親は笑っていた。あはは。理解するのをあきらめたようだ。ははは。そう、僕も理解などできないのだ。

貯金ゼロで移住して、島のジャム屋さんに拾ってもらいアルバイトを始めた。移住一週間後に、「オリーブの苗木寄贈と植樹」「寺で出家」という二つの儀式を通過。「やったらえーよ」と言われ梅の栽培を引き継ぎ、野菜の栽培も失敗と成功を繰り返しながら、寺の修行に入って激ヤセで帰宅。「力が出なくてさつまいもの収穫ができない」と自分のカラダの不思議も経験した。

あるときは家のリフォームをしてくれた大工さんの依頼で結婚式の導師に、またあるときは成人式の講話を、小学生の特別授業を。お寺でジャム販売をしながらのライブ音響調整もやった。稲作も始めた。土木作業もある。自治会の役員もやった。

呼ばれたら、田畑とにらめっこしながらホイホイ出かけていく。そして、現場現場でやれることをやる。

僕と妻はお互い「ライブ好き」。「こういうのが観たいよね」と話しているとやっぱり作りたくなる。で、年に一、二回、ライブイベントを企画運営している。

いつしか農産物のマーケット「島のむらマルシェ」の運営メンバーにもなっていた。

いつだって何かをやってはいるが、「仕事は?」と訊かれるといったん口ごもってしまう。

「やりたいこと」はよくわからないが「やりたくないこと」だけはなんとなくわかる。

そういえばバンドをやっていたころ、こんなツッコミがあった。

「自分というものがないのかっ⁉」

こんなことがあった。

「農業をやろうと思っているんだけど、どこから手をつけていいかわからなくて電話しました」

電話の主は沖縄の若者。京都を拠点として活動されている、独立研究者の森田真生《まさお》さんのライブ「数学の演奏会in周防大島」を僕たち夫婦で企画した際に、沖縄から足を運んでくれたお客さんだ。彼は「農業をやりたい」という思いを胸に来島していたこと、また、ライブ当日、島内の移動手段がなくて困っていたところ、その場にいた島の養鶏家・小林大亮さんが車に乗せてくれたことを、感謝の言葉とともに伝えてくれたのだ。

電話を切り、ふと思案。僕には沖縄の農業者の知り合いはいない。ひとまず小林さんに相談した。すると小林さん、「そういえば……」と言ってある方を紹介してくれた。「ある方」とは、まったく別の日に周防大島に来て、農業関係の会で小林さんの隣に座っていた沖縄の人。小林さんは「もし今後若い農業者が現れたら、紹介してもいいですか？」とその方に話をしていたそう。その旨《むね》を電話の若者に伝えたところ、彼はすぐにその方に会いに行くことになった。

京都、沖縄、周防大島、沖縄。農業者増える。イベント盛り上がる。僕は楽しい——。

マルシェにお呼びしたパンとビールのお店「タルマーリー」（鳥取）の元従業員が、友だちのバンドのマネージャーを務めていた人だった。僕が毎月お勤めのために通っているお寺（山口）の住職から、ご無沙汰しているバンドマン（大阪）となぜか一緒にいる写メが届いた。無縁だと思っていたものから、何かを感じることが多くなってきている。

百姓。百の名前、百の仕事。

やれることを、一つとかぎらずにただやる。「得意でないこと」は誰かにお願いする。そうしていると、見えるものは「形」となって現れて、見えない「縁」のようなものもまた一緒に立ちあがってくる。仕事をしていると、いつの間にか「自分」らしきものの輪郭が浮き出てくる。

今住んでいる集落には、自分の子以外、家から歩ける距離に子どもがいない。そんな子どもたちを見ていると、「やる」ことが自然と浮かんでくる。

現在島には「農業一筋」「農業とラジオディレクター」「農業とイベント制作」みたいに、試行錯誤しながら思い思いの形で仕事している人たちがいる。僕も仕事をしながら、次に聴こえてくるものに耳を澄ましている。そして実際に次の音が聴こえてきてもいるのだ。

と言いながら……。

「んぬうわぁーーうっ!!」

(自分がなくってまあよかったなぁオイッ!!)

おふくろといっしょ

「ゆっちゃんはね、家では東京弁しゃべるけど、保育園では大島弁しゃべるんだよ」

ひと足先に移り住んでいた娘（当時五歳）が、移住したての僕に、こう告げた。

それまで東京・荻窪《おぎくぼ》で単身赴任状態だった僕は、家族で会うのはごくレアなこと、そしてそれ以前、同居していた頃からすれ違いの生活だったため、家族と触れ合う時間が一瞬だった。そんな日々から一転した。起きたときに誰かが横にいる生活が始まって、とても新鮮な気持ちだ。一年半ほど前に先に移住していた妻は、島の生活の先輩である。

移住者にとって厄介なもの、その一つが「住居」。空き家はたくさんあるのに、実際はいろんな事情で、すんなりと住めるわけではないようだ。

中村家には、幸運にも新居となる家は見つかったものの、引っ越しの荷物を送ったあとで、すぐには住めないことが発覚する事件が勃発《ぼっぱつ》。それもそのはず、新しく住む予定の家は予想を超えておおいに荒れていたのだ。朽ち果てた台所、真っ黒な壁。住めるようになるまで、義理の両親の実家に居候《いそうろう》することになった。

「できるところは、自分たちでやるんさ〜」

予算のない僕たち。島で偶然知り合った先述の黒木さんという大工さんから、軽快なアドバイスが返ってきた。ＤＩＹのご時世に、〝業者依存症〟の僕は、身震いした。本当にできるのだろうか。不安な僕、さっさと天井を塗り始める妻。

塗れるところは、全部自分たちで。ふすま、障子も張り替える。黒木さんとともにリフォームを開始した。まずは、以前の大量の不要品を捨てるところから。

「おっさん、なにしよるん？」

ぎこちなく育児にシフトした僕を保育園で待ち受けていたのは、島の猛者たち（〇〜六歳）だった。

「あ、あのですね……」

標準語の悲しさがあふれ出す。島育ちの子どもたちは、なんか強い。自然に囲まれた友だちと、すぐにうちとけ合った元・東京娘。子どもたちのしなやかさには驚かされることばかり。

「保育園いかなきゃ！」

とフライング気味に起きる娘、

「今日、日曜日だからお休みだよ」

とたしなめる僕。そのとき感じる、保育園とお友だちへのアツい思い。

「お盆になると、島が沈むんやで」

そう言って、母が半笑いで部屋の中に消えていった。もともと、日本一の高齢化率を誇った過疎の島。お盆の最中、たしかに車の数が激増し、たしかに人の密度が変わった。そんな暑さのなか、僕たちのこれから住む自宅が、やっと完成した。

＊＊＊

いったい、世の中のお父さんは子どもと一緒に寝ることはできているのだろうか。

「おかあさんがいいのお」

単身赴任や修行といった生活を続けていたためか、娘は僕と一緒に寝ることがほとんどできない。二人で一緒にふとんに入っても、最後には「おかあさんにでんわして～」。泣きながら妻を指名することになる。これまで僕が寝かしつけを許されたのは、ほんの数回。それでも「お母さんとお父さん、どっちが好きなの?」と訊くと「ん〜、りょうほう!」と完璧な答えをはじき出す娘なのだ。

「とすけー!」

娘が僕を呼ぶ名前が日々進化している。当初「おかあさん」「おとうさん」と呼んでもらおうとしていたのだが、「おかあさん」はそのままな一方、「おとうさん」は定着せず、勝手に「とっと」と呼び始めたのである。基本形は「とっと」、活用して「トスケ」、濁点をつけるブームがきて「ドボリスケ」。「みょうちん」から派生し「ヂン」。「ほくろちんこ」と呼び始めたと思ったら「ねえ、アメリカちんこー」。もういい、好きにしてくれ。

二〇一五年。家族にメンバーが一人増えた。息子が世界に登場したのだ。家族の明日の糧を養うべく、稲作もしているのだが、田んぼのまわりにはたくさんのホタルが棲《す》んでいることがわかって、家族全員大はしゃぎ。車で三十分かけてたどり着く田んぼに、何回も足を運ぶようになった。

そのどさくさに紛《まぎ》れて、娘がまた僕を改名した。

「ねぇハゲホタル」

坊主だからとは言えいくらなんでも「ハゲ」はやりすぎだろう。自分でもそう思ったのか、何かをお願いするときには「ホタル」と使い分けることを覚えた。自然から学ぶことは多い。

そして子どもは残酷だ。

「おーいハゲホタルぅー」

田んぼで呼びかけられる。あああ。

ダンス・イン・ザ・テンプル

「いつまで寝てる！　早く起きなさい！」

パッと目を開けると午前〇時四十五分。完全に寝坊……あと十五分しかない。

僕は二〇一三年秋、四国七十五番・善通寺にいた。清々しく広い境内と、高くそびえる五重塔を身近に感じながら。家族を置いて、携帯を置いて、僧侶の修行である真言宗の「四度《しど》加行《けぎょう》」という行に身を投じていた。

「ね、ねむい」

夜十一時ごろに寝て、夜中一時より前に一日が始まる生活が二カ月半。なんでここに来ちゃったんだろう。いつこのお寺を出られる？　自分で選んで来たこの道。この道場。来てすぐに、「これはムリだ」。そう思った。一緒に修行に身を投じている〝行者《ぎょうじゃ》〟の九人中、僕は最年長なのだ。きっと最後までもたない。家族になんて言おう。自問自答の毎日が始まった。

「足が痛い」

「おなかすいた」

自分の哀れな欲求が大文字で浮かんでくる。寒さが沁みてくる部屋について、

「季節をたっぷり感じられていいだろう」

と先生である先輩和尚。た、し、か、に……。

夜が明けて毎朝のお勤め、その後は「作務《さむ》」。掃除など身のまわりのあれこれだ。食事は少なめに。みそ汁の中に「とうふ」と「大豆」が入っていたとき、わずかに笑みがこぼれた。

相部屋にはもう一人の同居人。彼は行者の最年少で当時十代の向山仁啓さんである。若くして真摯な修行の姿勢に、刺激をたくさん受け続けた。

その向山さん。ある作務の時間、掃除道具を持ちながら立ち尽くしていた。

「ど、どうしたんだろう」

近づいてよく見ると、立ったまま眠っていた。恐るべし。

そして、迎えた最終日。同期の修行僧と晴れて行を成満《じようまん》。すべての行を終えたときの、教官・安藤誠啓師の「おつかれさま」という声とツルツル頭をなでてくれたときの感触を、今

も忘れることができない。

女性二人を含むこのときの同期七人の僧侶仲間は、今もつながっていて、刺激を受け続けている。

ケータイ、テレビ、マンガ、シーディー。一〇キロ瘦せて帰った僕の前に立ちはだかったのは、「日常生活」という荒波だった。ハァハァ、ハァハァ。力が出なくて、さつまいもが掘れない。ジャム屋「瀬戸内ジャムズガーデン」にて農業担当を拝命した僕、完全に役に立たない。

「きゃー！　ハリガネみたい」

女性スタッフが叫ぶ。

「いも掘り大会をやりますので、準備をお願いしますね」

白鳥オーナーの優しい声が身に沁みる。だけど、オーダーはダイ・ハード。これではイカンとみるみるうちに体重は増え、修行前を超えてしまった。

その頃、周防大島町が積極的に取り組んでいる「民泊」という制度で、大阪の中学生三人組が修学旅行の宿泊先としてわが家に泊まりに来た。

「アカン、凍死しそうやわ」とチューチューアイスを手につぶやく子、「トランプしよう」とわが家の家族と一緒に遊ぶ子。とてもおとなしいと思っていた子は、花火を持ったとたん「ぐぅわー」と全身でぐるぐる回り出した。

彼女たちの解放され具合を見て驚いたし、うれしかった。わが家の娘も、彼女たちと一緒にオリーブを植えたり、お散歩したり。何にも代えがたい時間を過ごした。

バスに乗って最後の別れ。いつもこの瞬間は、確実に涙があふれ出てしまう。短い期間でも、子どもたちと気持ちが通い合うのだ。この日も自然と涙がこみあげてきたそのとき、思わぬ人から話しかけられた。

「それ、GAUZEのTシャツですよね?」

のんびり田舎の別れのひととき。突然、世界最高峰の日本のハードコアバンドの名前を口にしたのはバスの添乗員・ヨーコ。名札に書いてあった。

「私も、大好きなんですよ。よくライブにも行ってるんです」

おおお、僕もです。涙はどこかへ散っていった。

海辺のフカフカ

埼玉にある実家へ帰省して、島に帰る。その本州との間の橋を渡るときに、なんだか落ち着くというか、ホッとする気持ちが起こるようになってきた。

「いや〜、帰ってきた」

住んでたった数年の新参モノのくせに……。自分でもわかっている。でも、いったい何がそう感じさせるのだろう。景色かな？　空気かな？

東京に生まれてから大人になるまで、通算二十年以上、集合住宅の三階やら四階やらに住んできた。子どものころは、隣や下の階の友だちと浄化槽の上の空き地で遊んだり、向かいの警察署のコンクリート壁にボールを当てて遊んだり。大人になってからも、満員の通勤電車は普通だったし、あるときは環八沿いで車が通るたびに「揺れる」マンションにも住んでいた。生活圏には若干の緑や畑もあったとはいえ、関東平野のど真ん中。ただひたすらに家・家・家、とコンクリート。原体験はそんな感じ。

さて、ついつい落ち着いてしまう現在。目や耳に飛び込んでくるものは、なんと言うかとてもフレッシュでカラフル。鳥の声はラウドだけど、不思議とうるさいとは感じない。もちろん飛行機や船などの人工的な音もするけれども、基本的には天然自然のものに囲まれている。人工物にしても、木の建物や道具の手触りがかなり多い。特別アウトドアな人間でもなかった僕だけど、この風景に包まれてホッとしてしまうのも事実だ。

高校生のころからのちの職業に至るまで、ずっとギターを弾いてきた。現在手にはクワが握られている。あるとき「なんか、ずっと木を触ってるな」と気づいた。そのことに気づいたら、ちょっと楽になった。

最近でも「弾かないの？」とよく訊かれるけど、そのたびに考えてしまう。大好きだったあの音楽を「弾かずにはおれない」「弾かないと死んでしまう」とは今はどうしても思えないのである。そのことを先日来島された、サックス奏者の坂田明さんに恐る恐る訊いてみた。するると、

「そりゃそうだ」

とあっさり答えてくれた。「パンクは都会の音楽だから」。この風景のなかにいればそういう気持ちにならないのは当然、ということである。

僕と自然環境についてはこんな関係。では、「人」との関係はどうなっているか。

「一に草刈り、二に草刈り、三四がなくて、五に草刈り」

これは、島での心がけの偈文《げもん》。自身に対しての戒《いまし》めだ。とりわけ、人との関係においてとても重要なのだということに、最近になってようやく気づいた。

人間のひげや髪の毛みたいに、畑も家も放っておくと即、草ボーボー。あっという間に野山に還《かえ》っていく勢い。一年草から多年草へ、雑木から森へ。その内外には見知らぬ生き物がたくさん。この地域でずっと住んできた方にとっては、きっと普通のことだ。僕はそのサイクルを知らなかった。

「中村くん、そろそろ畑の草刈っといたほうがいいよ。見た目的にもよくないよ」

農家の友人から忠告の連絡が入り、現場に急行することも。農業の栽培方法によっては必ずしも「草＝悪」ではないことも学んだ。だけど、隣の人にとっては草のタネが自分の畑に落ちることはイヤなもの。草はノビノビ、人、イライラ。

目の前には単なる「草」として現れるけど、「植物にとってどうか」と「人にとってどうか」は問題の種類が違う。植物と人間、生きている時間軸も違う。僕は農業に触れるようになってから「植物にとってどうか」ということのみに目が向いてしまった。けれども、島で暮らすということは植物とも人間とも、両方と暮らすことだ。そして、大事にしないといけない「人の気持ち」があるということを、葛藤しながらだんだん理解してきた。

友人の移住農家で、この管理を徹底している人がいる。彼は、実際に近隣の方との信頼を育み、良好な関係を築いている。その結果、家や畑をスムーズに借りられたりということが起きている。彼の佇まいは、大事なことを教えてくれる。

一方で僕の、島の人たちとの関係づくりはと言うと——。彼の姿勢とはまた別のかたちをとっていたことに気づいた。自分が楽しいと思うことを、できれば周囲の人とも分かち合いたい、そんな気持ちを胸にイベントを作ったり育てたりする。その作業を通じて、近隣の人との関係が〝結果的に〟生じてきたようにも思う。最近では「島内の米の販売と配達をしてほしい」という新たな依頼もあり、実際にスタートもした。

いったい、どこに向かうのか。「こんな人がいても、まあいいか」としてくれればありがたいのだけど。

ミーティングという名の雑談

僧侶の修行の間は一切の情報を遮断して過ごす。だから、道場の外の世界で何が起こっているかはわからず、ただ目の前のことに集中して行を修《おさ》めていくだけだ。行を結願《けちがん》し外に出たら、新聞の見出しは躍り、ニュース番組が叫んでいた。いきなり社会の波が襲《おそ》ってきてビリビリした。自分の感受性が全開になっていたのだ。

島に帰ってすぐ、近所で養蜂を営む内田健太郎くん（瀬戸内タカノスファーム）から電話があった。なんでも話があるという。その話を聞きに隣の集落へ峠を越えてガリガリ男は向かった。どんな話だろう。

「マルシェを始めたいと思って。一緒にやりませんか」

なじみのない語感、今まで自分で考えたことのない事案だった。ビリビリ状態の僕はびっくりしてしまって、

「やったほうがいいと思う」

と即答していた。そこから、若手農家五人のメンバーでの実行委員会が発足し、次の春に一回目を迎える準備から始まった。

すべて手探りしながらの運営。何人来場するかもわからない。そのなかで駐車場の手配、出店者とのやりとり、告知、当日のテントの手配、などなど準備はたくさんあったけれども、その間のミーティングがとても楽しい。「ご飯を食べながら話すのが大事だと思う」と、内田くんの奥さんである三記子さんがおいしいご飯を用意してくれていた。そのうち、座間達也くんというクレイジーで最高なシェフも実行委員に加わり、彼も食事を作ってくれたりと、ミーティングは雑談が花開き、……というか雑談がメインになってしまうほどで、深夜にまで及ぶようになった。あとでみんなに聞いたら、その雑談の主犯は、どうも僕だったようだ。

二〇一四年の初回がまさかの大雨にもかかわらず五〇〇人も来てくれて（ちゃんとカチカチカウントするものを持って数えていた）、すごい手ごたえをみんなが感じた。その次は一〇〇〇人、二〇〇〇人と増えていったので、きっと間違っていないんだろうと毎回答え合わせをしながら、慎重かつ大胆に進めていった。

あるミーティングのときに、内田樹《たつる》さんの話になった。養蜂家の内田くんが『日本霊性論』という本を読んでとても感銘を受けた。マルシェにお呼びしてお話を聞きたい、と。

じつは、移住する前に内田樹さんの本に出会い、その後も本屋さんでたびたび本と目が合い、折々で買っては読んでいた。今僕が感じていることは間違っていない、移住もきっと大丈夫だ、と自信を勝手にもらっていた、ひと言では言い尽くせないとても大きな存在だ。

「僕は前から好きで、ごちゃごちゃごちゃごちゃ」

いつもの雑談で、来てくれて講演してくれたらうれしいよね、と毎回話題にのぼるようになった。

それからほどなくして、

「えらいことになった」

内田くんがこう告げた。たまたま新聞の取材を受けたら、その記者の方が次の日内田樹さんの取材をするので、ならばと蜂蜜を持っていってくれて、その蜂蜜を受け取った内田先生が手紙をくださった、という事件が起きた。

「これって……」

すぐに内田くんが連絡を取り、意を決して来島をお願いしたら、奇跡の快諾をいただいた。僕たちは歓喜した。

「……文章か何かに残せないかな」

次に会ったとき、内田くんはこう言った。すごく重要になる講演だから、きっと何かしら記録に残したほうがいいはず、と。たしかに、そのとおりだ。でも僕も、どうしたらいいかまったく手がかりがない。僕は思わずこんなことを言った。

「もし本当に残す必要があるとしたらきっと編集の人が現れると思う」

それからまた日が経たないうちに、今度は森田真生さんが初めて島に来てくれた。僕がライブを観に行ったときに衝撃を受けて、ただのお客さんながら「島でライブを聞きたいのですが」と時間をかけてお声がけしたのち、しばらく経って連絡をくださって実を結んだ一日だった。僕が森田さんの名前を初めて知ったのは、移住する前に見た、内田樹さんの投稿だった。

内田くんの工房にも行き、森田さんたちとお話ししている間に、翌月に迫った内田樹さんの講演の話になった。すると、

「友人で編集者の三島さんという方がいるんですけど、来週会いますよ」

そのときに、この話をしてくれるんだそう。なんということ。

そして、本当に次の月に、島に来てくれたのがミシマ社の三島邦弘さんだった。それから半年後、『ちゃぶ台』という雑誌のなかでほんとうに、この日の講演が文章として残ることになる。

ただただ、ありがたさを感じずにはおれない。

その後、年に二回だったこの集まりが毎月二回土曜日に行われるようになったり、タルマーリーさん、藤原辰史さんが講演してくださったり。僕はあとで実行委員会のメンバーではなくなるんだけれども、この「島のむらマルシェ・あさマルシェ」の存在は大きい。

今は、女性二人、男性三人の実行委員会を中心に運営されている。

猪突ちょっとずつ

島の友人が作っているお米を僕が届ける、ということを始めた。島内では配達もするし、遠方へはネットでの販売。二年目、さっそく一軒目の配達先でおせんべいをいただいて、なんかうれしかった。ただの荷物運びではない感じがした。

二〇一八年、酷暑の夏。僕はこの八月、周防大島の小高い丘の上にある和室でギターをなでなで触っていた。家賃一万円の借家にエアコンはなく、本番のステージさながらの暑さ。いいね〜と思いながらの練習中に、誤ってふすまを蹴破ってしまった。（おれの音楽スイッチＯＮ・ＯＦＦのつまみがバカになった）

練習にまったく必要のないほど、過剰にノリノリになっていた。かつてそんな乱暴な練習をしたことは一度もないので、落ち込んだ。力の入れ加減をすっかり忘れているのだ。

なぜそんなことをしていたかというと、智頭町《ちづ》のパンとビールのお店「タルマーリー」に、こんな提案をいただいたからである。

八月にお店で初めての音楽ライブを企画する。それは「ギターパンダ」こと山川のりをさんのライブで、ゲストとしてギターの伴奏を、と。山川のりをさんは、ソロや数々のバンドを続けていくなかで、かの忌野清志郎《いまわのきよしろう》さんや甲本ヒロトさんとも並走してきたギタリスト。その、横である。しかもその翌日にはタルマーリーのオーナー・渡邉さん夫妻と僕とのトークライブもやろうとのこと。二泊三日、特大の二DAYSライブだ。

「おだやかでない」。このときの僕の率直な気持ちだ。

その半年前に、布石《ふせき》があった。山口県岩国市のカフェ「ヒマール」の辻川さん夫妻が、「ギターを弾かないのはもったいない」とお店でのライブ企画にゲストとして呼んでくださったのだ。そのライブが、ギターパンダ。島に来てからはギター触りたくないモードの日々を過ごしていたのだが、お二人の音楽への情熱に触発されて必死に練習。そして本番当日、なぜか鳥取からのお客さんが複数いた。それがタルマーリースタッフの皆さんだった。はるばる観に来てくれた一人である境晋太郎さんは以前から「タルマーリーでギターパンダのライブをやりたい」とお店で熱烈に宣言していたそう。

そのさらに前段。「島のむらマルシェ」の雑談中に、タルマーリーはとにかく話題にのぼる存在だった。

「スキのないものづくりをしている人たちがいる」

「千葉から岡山に、さらに鳥取に移住したらしい」

「ビールも始めたらしい」

「どうなってるの？」

実際にそのマルシェでは、渡邉さん夫妻に来島と講演をお願いして、本当に実現できたのだった。


さて、ライブ当日。ギターパンダでの演奏を数曲全力で楽しんで、かつての記憶、手ごたえがのりをさんに触発されて戻ってきた。そして、翌日トーク。言葉にするのが下手くそだから僕はギターを持ったわけで、自ら武器を捨てて、生身で挑む。心は全裸、これは試練だ。渡邉格《いたる》さんと麻里子さんは射程にしている分野が広く「何がトークの核になるか」と当日までどきどき。こちらも必死に、入念に準備をして向き合った。

そしてこの三日間を通してわかったのは、意外なことだった。

移住後の僕はお酒を必要としなくなったのだけど、そこは最高の作り手、パンとビールをたくさんいただいた。これまでだったら、肉体的、精神的に根を詰めていったとき、終わったあとはドドドッと疲れて、何もできなくなるのが常。今回も、次の日はグデングデンになってるだろうと想像していた。が、なぜかいつも通り翌朝五時には目が覚めた。その翌日も同じくすっきり爽快。むしろ元気。あまりに普通な体験で、感動。おいしい食事に体は正直。ウソはつけない。そう思えた。

ここまでで農業の話はナシ。我ながら、少し無念だ。年々軌道修正しながら、果樹を中心にした農業にシフトしてきた。野菜も育てたい。できれば多品目で。タネどりもしていきたい。たくさんの田畑を手掛けたい。研修で深くお世話になった埼玉県・明石農園で見た景色。それが体の芯に残っていて、その実現を今も願い続けている。が、思っていたのと全然違ってきた。だんだんその道ではない方向にどうも導かれている。いいよ、手分けすればいいじゃない。他に得意な人もいるさ、自分の身の丈に合った現実もある。そう言い聞かせて……。

じつは、「僕は農業をやりたい」と思っていても、それを成り立たせる社会を考える必要もあるんだ、ということにだんだん気づいてきたのだった。社会といっても大それたことではなくて、この地域の特徴で言えば「若い人がいない」「高齢者が多い」という現実。そこで僕たち家族は日々の生活を営んでいく。その中でようやく、仕事としての農業ができるんだ、というバランスに気づいてきた。地域の中での自分の特徴（集落では若いほう、とかパソコン使える、とか）と役割を、前よりも考えるようになって、それでこういう生活になっているところがある。もちろん、農業をやって地域が回る、という逆のサイクルの考えも一方である。これらは島で生活するようになって、初めて実感し、わかったことだ。

タルマーリーですべての行程を無事終え、渡邉さん夫妻とご飯を食べながらしっぽりしていた鳥取の夜。僕のポケットのなかでブブブと着信があった。

その主は、安孫子《あびこ》真哉氏。音楽レーベルKiliKiliVilla《キリキリヴィラ》主宰、GOING STEADY、銀杏《ぎんなん》BOYZ《ボーイズ》の元ベーシストであり十代のころからの友人。そのうち約十年間、バンドで寝食をともにした間柄である。今は牛乳配達の会社に勤めながら数々のバンドの裏方を務め、変わらず音楽に向き合っている。

よりによって、なぜ今日？　このときの電話は、

「今の仕事を辞め、農業をやりたいと思っている」

という驚きの内容で、しかもわりと具体的な話だった。猛スピードで勉強し始めているという。おそるべきタイミングを宿したキャラクターの登場に、おおおと感嘆。

他にもこの時期、たまたま何人かから同じような話を聞いていたところだった。今の仕事

を辞めて、「畑をやりたい」と言う。

僕は彼らに何か伝えられることはあるだろうか。厳しさだけではおもしろくないし、楽しさだけでも物足りない。つい心が躍り出してしまうようなことが、そこら中に転がっている気が、してはいるのだけど。

そんななか、僕のナナメ後ろから何かが飛んできた。

「小さなお寺を建立《こんりゅう》せよ」

あるお堂を近くに移設する必要が迫ってきた、という話が親戚から来た。とにかく、情報が渋滞している。処理するのは、あきらめた。

第二部
暮らしの観察

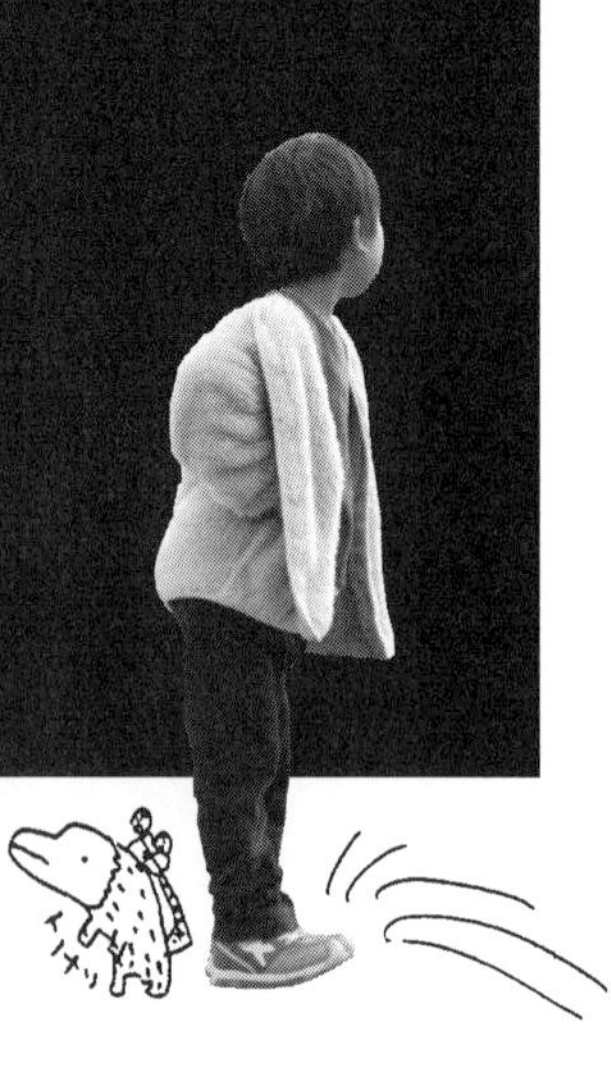

ポンカン
はるか
文旦
はるか
青島みかん
100円

タッチー（俺

3

ダンス・イン・ザ・ファーム

それぞれの農業

つい先ごろ、妙に納得というか、頷いてしまうというか、むしろ共感を飛び越してしまいそうな意見に、島で出会った。とあるインタビューでの出来事。

Q「都会から来てこちらで暮らしてみて、困ることとか不便だな、と思うことは何かありますか？」

A「うーん、不便とは感じないというか、ちょっと慣れてきてしまってよくわかんないんですが……。息子は『東京にいたときよりも便利だね』と言ってますね」

答えていたのは三浦宏之さん。周防大島にて米を中心とした農業と、本州でのラジオディレクターの仕事を務めている。海の向こうの大都市・松山からのラジオ取材があって、この日は逆に三浦さんが被取材者だった。僕はその傍らに同席していた。

家族で東京から移住したのが、たまたま僕と同じタイミング。三浦さん親子の発言の主意は、「東京にいたときよりもコンビニがだんぜん近い」「ドラッグストアも近い」「米作れるし」「野菜とか魚とかももらえるし」。つまり《無敵》ということだったみたい。

（ちょ、ちょっとたんま……）。そばで聞いていて、さすがに「東京よりも便利」発言にはたじろいだ。同じ島と言えども、僕たち家族の生活には必ずしも当てはまらない。お店や、田んぼの有る無し、本州に近い三浦さんの地域ならではの部分もおおいにあって、環境が違う。だから僕としては「より便利」とは言い難い……言いがた……言ってもいい……？か……？　も……そうかも⁉

反芻《はんすう》しているうちに、僕もだんだん「より便利」な気になってきた。便利という言葉がふさわしくなければ「快適」「爽快」、そんな感じだろうか。

考えてみれば、車を少し走らせれば買い物はできるし、お店がなくてもネットで注文すれば届く。実際不便と感じたことはそんなになくて、むしろ息子さんが言うように、食べ物は自分で作れて、ときにはもらえる。そういう安心感はかなり強力にある。

三浦さんは住み始めた当初、島の観光協会の方にこう言われていたそう。

「今の新鮮な気持ちを忘れないように、島の良いところ、悪いところをしっかり見続けてください」

　そして、三浦さん本人もこう答える。

「『都会に比べると大変でしょう？』『どんなところが？』っていつも訊かれるんだけど、だんだんわからなくなってきちゃったんですよね。最初のころは〝よそ者目線〟として『こんなところが素敵だよ』『おもしろいよ』なんて言いまくってたんですけどねえ」

　これ、僕もよくわかる。自分にとって「普通でない」と感じていたことが、環境になじむとともにだんだん当たり前に。そして五年経ち、新しく移り住んできた人に会ったとき、「僕は東京の人じゃなくなってきてるんだなあ」という気持ちになる。

　同じころ、こちらも同時期に移住した宮田正樹さん・喜美子さん夫婦とじっくりお話しする機会があった。「野の畑　みやた農園」を営む野菜農家のお二人だ。最近かなり忙しそうだ。農園で採れた野菜をぱくぱくいただきながら聴いていたのだけど、その話には予想を超えた悲喜こもごもが詰まっていた。

　その前に、ちょっと整理。

　一口に言う「農業」の営みのなかに、いくつかの分類がある。農林水産省のホームページ（「有機農業をめぐる事情」平成三十年四月）によれば、全国の耕地面積の九九・五パーセント

（ほぼ全部！）を占める生産方法は、「慣行農業／慣行栽培」や「一般栽培」などとも呼ばれるもので、一般的には化学肥料や農薬を使用して栽培されている。

他方、残りの〇・五パーセントのなかに、いわゆる「有機農業」や「オーガニック」と言われる生産方法があり、さらにそのなかでもさまざまな手法に名前がついていて、カテゴリー分けされている。「有機農業／有機栽培」「自然農法」「自然農」「自然栽培」「炭素循環農法」「バイオダイナミック農法」「〇〇式〇〇」などなど。最近では、「協生農法」という農業を超えたすごい考え方にも出会った。それぞれ、たずさわる「人」の意思や背景によって、さまざまなアプローチが提示されている。

細分化されていくほどに「どこがどう違うの⁉」となってしまうところなんかは、まるでロックバンドの系譜さながら。僕は農業のそんなところもおもしろいと思っているのだけど、日本国内で「〇・五パーセント」というシビアな数字には、じつに考えさせられるところでもある。

宮田さんは、そのなかで言う「有機農業」を十年営んだのち、五年前に周防大島に移住して「自然農」ベースに切り替えた方（前述の三浦さんも「自然農」）。

「収量でここまで苦労させられるとは、思っていなかったです。あっはっは」

久しぶりにお会いして、さっそくこの話題になった。

自然農の大きな特徴の一つは「不耕起」。フコウキと読むそれは、読んで字のごとく〝耕さない〟ことを方法の一つに置くのだけど、なんで耕さないのかというと、「土の中の環境をいじらない＝土の中の生物（微生物）に自然の状態のまま活躍してもらうため」と、僕は理解している。ところが宮田さん、たとえばジャガイモを三〇キロ収穫するために、有機農業のころは三〇株を植えれば採れていたところ、一〇〇株植えないと同じ量にならない、と苦笑い。

「それでも耕さないんですか？」

と訊くと、

「自給用の田んぼでは不耕起をあきらめました。畑の草がはびこるんです。ははは（笑）」

と言いつつも、畑では不耕起を続けていくそう。そこには明確な理由があるようだ。

宮田さんをはじめ、自然農では「マルチ」（畑でよく見る黒や透明などのビニールシート）などの資材を基本的に使用しないことも特徴だ。そしてたとえば自然農で育てた玉ねぎでは、その小ささに苦労している、という話がある。マルチを使えば大きくする手助けになるのはわかっている。でもやらない。有機農業のときは、宮田さん、誰よりもマルチを張るスピードが速かったそうだ。でも、やりたくない。

「今年、きみさん（奥さん）と話して、ついにマルチを張ってしまいました。ところが……畑の一角、玉ねぎのところを見ると、そこだけちょっと……草が生えてなくて……なんかこう気持ち悪くて…………結局すぐはがしてしまいました（笑）」

えーーーっ！

「そう、いやだったんだよね。いやなら、しょうがない（笑）」

と隣で聴いていた喜美子さんが今度は苦笑い。

なんと、張ったそばからはがしてしまった宮田さん。聴いていて、自分の身体感覚に沿って判断しているのが即座に理解できた。この気持ち、なんかよくわかる。ただ、一般的に「商売」として見たときには、収量や作業時間で苦労しているわけだから、そこにこだわることもないのでは？

すると、こんな答えが返ってきた。

「機械がいらない、つまり、誰でもできて、お金がかからない。みんなやれるんです。そうやって多くの人に、畑に、土、虫、草に、そして自分の食べるものに、触れてほしいんです」

「ほんの一部屋くらいの畑でいいんです。それで充分いろんな野菜が採れますから」

宮田さんの畑　開墾前

宮田さんの畑　開墾後

なるほど、そこで一気に腑に落ちた。宮田さんの核心、苦労の向きがわかった。つまり、商売の手段としてだけではなく、そもそもの「喜び」を多くの人に感じてほしい。そこに向かう営みで、身体の求めにしたがって、自分がこれだと思う方法を確立させていく。そういうことを包み込んだ、農業への強い思いをこれらの言葉は物語っていた。そう感じた。開墾時、やっかいな雑木の大きな根を「抜根」した場面を回想する宮田さん。根っこに対する感情移入具合がまたそれを裏付けていて、笑ってしまった。

移住＋農業で言えば、一方でこんな話もある。

移住して三年目の米農家・村上善紀さん。彼は逆に「炭素循環農法」を基礎においた野菜作りから、島に来て新しい農業の手法での米作りにシフトした。彼はむしろ農業資材や機械は必要に応じて（必要を見極めて）使うほうへ。これもまた、農業の別の地平を切り拓いていくあり方に、僕には見える。

農業一つとっても、やり方の奥に、一人ひとりの考え方や姿勢がある。それをありのままに見ていくと、そこにおもしろさが詰まっている。心が震える。

宮田さんたちは、二〇一八年「最後の開墾」と称する、聴くだけで身震いするハードな冬を経て、畑を広げた。正樹さんはそのために、腰を痛めてしまったそうだ。でも、そのハードさとは裏腹に、二人口をそろえて「これからが楽しみ」と言う。

また、この開墾によって、一つ大きな出来事があった。畑を「借りて使う」状態から、「畑を譲り受ける」ことになった。つまり、賃貸から取得へ至ったという、宮田さん夫妻。

じつは、たまたま中村家も別のことで、似たような局面に出会ったところだった。

そう、暮らしにとって、切っても切れない分野「物件」。これもまた、なかなか～な課題を与えてくれるのだ。

顔が見える人に届ける

周防大島の農家で、親子で農園を営むある友人が、つい先日、こんなことを話してくれた。彼女のお父さんが一念発起、その農園を立ち上げ、市場に出荷し始めた。しばらくすると、その生産物は海外からの輸入品が増えて、市場での値段が下がっていった。また灯油代が上がると、次第に、ビニールハウスで使う暖房の費用が経営を圧迫していった。さまざまな原因が重なって、お父さんはだんだん元気がなくなっていき、なんとなく心に影を落とすようになった。精神に影響が出てしまったのだろう、と言う。

何年も経って、娘である彼女が家業を継ごうと東京から帰ってきて、マーケット的な営み、つまり直接会って販売することが増えてきたところ、ようやく昔のような表情が戻ってきたのだとか。

むむう、なるほど。そこから思ったことがあった。市場や価格のあり方も考えたいところなんだけど、このときは、「顔が見える」ということについて、考えが巡った。

あくまで自分がやってきた範囲ではあるけど、音楽をやってきた身として思った。それはいつも「ライブ」と「音源」という二つの営みがセットだったこととの違いだ。僕の辿った音楽の経験のなかでは、作っただけでは終わらず、受け取る人の直接の反応が見られる、というサイクルがあった。

製作した録音物は、不特定多数の流通に出されることがあっても、一方で、じかに反応をやりとりできるライブも常に念頭にある。顔が見えないことと、顔が見えることとの両方があって、どちらがメインというよりは両輪のイメージ。それが普段の光景だ。

ところが、この友人の話を聞いて想像した。「農産物を全部市場に出しちゃう」ことは、市場の人、仲買みたいな方の反応は見えると思うけど、手渡ったあとのお客さんの反応や表情までは、わからない。

お父さんがマーケット的な営みで直接販売をしたところ、昔のように戻った。それは「誰に手渡っているか」「どんな表情をしているか」の手ごたえを感じられることが、思っている以上に影響があるのかもしれない。ということを思った。

じゃあ、他の業種はどうだろう。魚を獲っている人は？　服を作っている人は？　車を作っている人は？　本を作っている人は？

僕の想像力が及ばず、ジャンルによってどうなのかはわからないのだけど、どんな業態でも、少なくとも出会った人たち同士のやりとりは、何かを起こす力があるように思える。実際に、僕の場合は音楽の「ライブ」と「生産物」で変わったから。


数日前、とある病院に勤務していた友人の末弘隆太くんが、職場を辞めたのちついに独立し開業した。彼は医師ではなく病院内のリハビリ業務を担当していた専門職――理学療法士なのだけど、その職種で「独立」することは、今のところ法律上ありえないらしい。医師とセットで活動しなければならない、という職業なのだそうだ。そこで、まだ世の中にありそうでない職業を作るほうへと舵《かじ》をおもいっきり切った。

理学療法士が担う「リハビリ」の分野、それを経たそのあとの暮らしそのものを充実させたい。そういう本質の部分に力を注いでいくのだと。

（チャレンジャーだな……）

僕から見れば、「安定してそうな雇用関係」はちょっとうらやましい状況。それを自ら進んで辞めて、誰もたどったことがない道へ踏み出した。

「どうやったら利用者さん増えますかねえ」

と末弘くんはさわやかな笑顔で話す。

彼の独立・開業を祝う開所式があった日。来場者にふるまう食事を作っていたその会場のキッチンでは、友人の男女三人がせっせと作業していた。よく見れば、全員雇用関係から抜けた人だった。

「なんで独立しようと思ったの？」

ヒマになった僕は作業の邪魔をしながら訊いてみた。

一人は、

「ふるさとに帰りたくなったから」

もう一人は、

「別に雇われるのもイヤじゃないんだけど」

拍子抜けするぐらい、それほど確固たる意志みたいなものは感じられなかった。職場での関係も別に悪くなさそうだし、雇われることに拒否感もない三人。全員三、四十代でまあまあな年齢。うーん、なんで辞めたんだろう。

ちょっと考えてみた。三人とも別の職業だけど、共通していたのは「自分が作るもの・こと」が「好き」というところ。では、その「好きなもの・こと」で雇われるとしたらどう思

う？　と訊いたら、

「うーん、どうかなあ」

と一人は悩んで、最終的にこう結論づけていた。好きなものとは別の仕事で、雇われるなら、全然いいかなと。

そのことを考えていて思い出した。

数日前、とあるバンドマンが名古屋から島に遊びに来てくれた日があった。その名は「はやしっっく」。一緒に、宮崎の別のバンドマンを連れて来てくれた。その名は「コロコロアニキ」。

二人とも、前の仕事を辞めた直後のタイミングで来た。「はやしっっく」はこれから理学療法士になるという。「コロコロアニキ」はJA（農業協同組合）の職員を辞めてきた。ちなみにアニキのお父さんもJA職員だ。

彼らには、仕事のほかに大好きな「バンド」という営みがある。仕事をするかたわら音源を作って出したり、ときにはアメリカツアーに行ったり。これは趣味と言うには本気すぎるもので、名古屋のはやしっっくはそれを「激しい部活」と説明していた。先輩にそう教わったのだそう。

さっきの「キッチン三人組」の話を聞いていたときに、そのことをふと思い出した。

彼女らはバンドマンではないけれども、その「好き」の感じは「激しい部活」たる、バンドのそれと同じなんじゃないかと思えてきた。
生業《なりわい》だろうがそうでなかろうが好きは好き。ただ、やりたいんだから。

理学療法士としての活動を離れ、新しく暮らし支援サービス「netto（ねっと）」を一人で始めた末弘くん。リハビリの専門知識を活かした、高齢者の「自宅での暮らし」をサポートする仕組みだ。制約の多い介護保険からもれる人を網のように受け止め、たびたび帰省することが難しい、遠方に住む家族たちとの間をつなぐ。そんな取り組みと言ったらいいだろうか。今、すでに利用者さんがたくさんいて、喜ばれているようだ。ついにはあまりに喜ばれて「値段を上げて」という言葉までもらったとか。値下げ交渉ならぬ、値上げ交渉。すごいことだ。これからもっと、利用者サイドや理学療法士サイド両方に向け、こういう仕組みを広めていきたいという。
ちなみに彼は、周防大島で森田真生さんに出会ったことをきっかけに、独立を決意したのだそうだ。

ひゃっほーーー。

「農業は大変」の正体

最近、群馬に住む友人の安孫子真哉くん（四十）となぜかほぼ毎日のように連絡をとっている。彼は、バンド時代の元同僚で、十九歳のころからの友人である。

彼はちょうど二年前、二〇一八年六月に周防大島に遊びに来た。理由は東京のバンドSEVENTEEN AGAiNのミュージックビデオを島で撮影するにあたり彼も同行していたから。彼が主宰する音楽レーベルKiliKiliVillaからリリースしている。

その滞在中の夜。先輩農家の小林大亮・りかさん夫妻をはじめ、何人かの農家と共にご飯を食べながら楽しい時間を過ごしたのだが、彼が群馬に帰ってから、しばらくしてこんな連絡があった。

「農家になる」

先述のタルマーリーでの一夜で判明した動向だ。

かなり驚いた。が、彼と僕は似たような思考回路を持つ者同士でくされ縁。わりとすぐに納得できた。

ここ最近の連絡は、「どうやって農業の世界に入っていくか」をあれこれ話す内容で、このやりとりで僕のほうが逆に再認識することが多いぐらいだ。

というのも、いざ農家になろうと決意したときに、実際にどうやってなったらいいのか、教えてくれるようなものが身近になかったという事実がある。僕や彼のような「農家ではなかった人」が農業を始めるときに、どこから手を付けたらいいんだろう。入り方はいろんなルートがあると今はわかるけど、たとえば僕の場合は、

①本で読む
②農家で研修・いろんな勉強会に出席／懇親会で話を聞く
③現場で実践

という流れだった。だけど、そもそも国の「農業次世代人材投資資金」（旧・青年就農給付金）という補助金をもらいながら勉強できる制度があり、それを利用しながら就農するのがよく聞くケースで、僕もそれをまずオススメした。

驚くべきスピードで本を読んだりネットで情報を集めたり、YouTubeで農家の動画を観たり。毎日吸収し、本当に農業の準備を進めていった安孫子氏。勉強しているなかで、

「パンクに出会ったときのような高揚感があるねえ」

とまで言っていた。昔から知っている人なので、気持ちがわかる。

「こりゃホンモノだなあ〜」

と思った。

それと同時に、どうも準備のなかでぶつかった壁が（まだ準備段階なのに！）いくつもあったようだ。それを聞きながら僕も「う〜ん」と唸《うな》ってしまった。たしかに、たしかに。自分にもあったなあ……。


この春、彼はいろいろなことを準備・検討した上で、「農業大学校」の一年間の研修に行くことになった。僕のまわりの先行している若手農家の何人かもそのルートで農業に従事しているので、王道と言えば王道だ。

「面接はスーツで行くべきだと思う？」

という電話がかかってきたので、先行の方々にアドバイスをもらったりして、その後、無事受かったと聞いた。よかった。

入学式の日。終わってすぐ電話がかかってきた（ひんぱん！）。

「……なんでよ。農業の勉強しに行くのに何度も立ったり座ったりしなきゃいけないんだ⁉」

詳しく聞くと、式典の最中に「起立」「着席」の数が多すぎると感じてかなりイライラしたようだ。

（農業が、したいです…………）

スラムダンク三井の声が聞こえてきた。

じつはその前段があった。いわゆる公的な農業支援の窓口に説明を聞きに行くたびに、彼は出鼻をくじかれる思いをしていたのだ。

元をたどれば、彼は周防大島に来たときに、他の生産者との交流を通じて「農業……いいかも」と衝動が芽生えて、そこから地道に丹念に調べて、準備してきていた。年齢も年齢だし家族がいるわけで、そこには真剣さ、必死さもある。窓口や面談での会話や提出している資料を読めばすぐにわかるはずのこと。

ところが王道ルートの一つである公的な窓口で、とにかくまずは「農業は大変だ」ということが伝えられる。つまり「やりたい」から「どうしたらいいですか？」という質問に対して、「このやり方じゃあ難しいだろう」という答えで返ってくることがとても多い。「その感じだったら、こうしてみる方向は？」という建設的な支援という感じではなかった。やりたくなった気持ちを後押ししてくれるものであってほしいのに。この気持ちは青臭すぎるのだろうか。

また、彼が農業大学校に行くようになって何日も経ったあと。つい最近の出来事。出荷作業の授業があったそうだ。そのくだりで「農業は大変」の正体の一つが、彼にも僕にもわかった。

チンゲンサイを収穫して出荷用に袋詰め。この日、収穫が一週間遅れて規格のサイズよりも大きくなってしまったそうで、この間にもう一つの工程が追加された。それは、

「葉っぱをむしって小さくする」

この作業が大変なんです、と教わったそうだ。このときの話を聞いていた現場の安孫子くん、

「食えるのにもったいない」

「なんでわざわざそんなことを？」

と思った。これは流通や、販売する小売店の都合ということだそうで、おや？　と。彼は音楽レーベルを運営しているのでモノは違えど流通には思いがある。「わざわざ大変な作業

を追加している」と感じた。

音楽では、かっこいい音楽を作って届けたい。農業では、おいしいものを育てて届けたい。僕はこれが基準だと思う。たとえば農作物は植物である以上、規格にそろえて届けることはある程度必要と言えども、本来はちょっと不自然。でもそうしないといけない構造が、大変さを生んでいる。大変だから作り手がいない。そうなるなら、その構造を見直すべきでは。ちょっと大きくても小さくても食べられるから。そもそもその状態が普通で、そういうものがお店に並び、それを買う。そうなれば……。


農業大学校の社会人枠のコースに通いながら、

「農作業楽しいわ〜」

と日々連絡がくる。自身の直感は間違っていなかったようだ。その「楽しいわ〜」だけで、続けるのに充分な理由になる。つい先日は、埼玉にある明石農園の圃場《ほじょう》見学にも一緒に行った。

あともう一つ。別の仕事から、農業をやり始めて、楽しいことがある。それは「使える用語が増える」ということ。まあこの音楽と農業の組み合わせにかぎらず言えることだけど、とにかく言語が増えて、誰かと誰かのわかり合いも増すような気がするのだ。何かを伝えたい。何かを分かち合いたい。以前の仕事で覚えた言葉と、新しい仕事で覚えた言葉。別の世界の似た肌触りの言葉を使って自由に交じり合う。するとときにはバカバカしくも響くけど、でも新しい回路が開かれる感じもして、うれしくなってしまう。交わりが楽しくなる。

「トラクターとかって、いるのかな?」

「大きい会場でライブやるんだったら、アンプはデカくてもいいけど、みたいな感じ」

「ステージの中音《なかおと》がでかくなるのイヤだったら、管理機のほうがかえってよかったりするかも」

あはははは。ちょっと気持ち悪いか。こうやって安孫子くんとよく電話している。一見ワケがわからないけど、こういうわかり合いもある。これで友だちが増える。もしかしたら世界中に。これもギフトの一つだ。きっと。

物件問題

梅雨という字、島に来て初めて意味がわかった。

六月はまさに梅。少しずつアツアツジメジメになっていく初夏の梅畑には大量の実が生《な》り、せっせと収穫しては山を下りる毎日が続く。梅は〝足がはやい〟ので、作業はスピード命。ひと月ほどの短い間に収穫作業が凝縮される。

「高い木の枝を払う人を、空師《そらし》って言うんだって」

毎月通っているお寺・平生《ひらお》町の般若寺の福嶋弘昭住職に、先ごろ教えてもらった。

僕の畑では、無農薬で育てるための立ち枝を残す栽培方法を学んだので、高くそびえてしまっている梅の木。空師とまでは言えないながらも時によじ登り、落ちそうになりながら収穫していく。

ものすごい変な姿勢で宙空に浮かぶ、わが晴れ姿。孤独に作業しているのでおもしろさを共有できずにちょっとさみしい。でも、周囲には生物の息づかいが聴こえ、こわ〜い虫の不意の接近で身の危険も感じながらのスリリングな作業は、やはりたまらない。

ここで余談。農作業ワンオペレーション、つまり一人作業時は、スマホを出すのがめんどくさい。なので、SNSの投稿だったり、写真を残しにくい。一息ついて「さ、やろー」と思ったときに素材がない。そういう状況だったりが「生産者の声・反映しにくい」問題には横たわっている気もする。「顔の見える生産者」がいいとされても、その作業の過程を実際に見せるのは、なかなか工夫がいるのだ。

ちなみにこの梅畑は、第一章のシイタケのくだりに登場した、八十代の親戚のおっちゃんから借りている。行くのが大変な山の中にある畑であることに加えて、たくさんの大きな木の管理も大変になったからだろう。僕はその人の半分の年齢だけど、自分でやってみてもハアハア言うぐらいだ。逆にその年齢までやっていたのがすごいと思う。今でもその先輩、別の畑は現役で管理しているし、毎度その馬力には仰天させられる。

さかのぼって二〇一六年の三月。中村家は五年住んだ家を出ることになった。こちらも畑同様、やや遠めの親戚からお借りしていた借家だ。五年更新の約束で、満五年で転居。許可も得てリフォームもバッチリやって、一応、十年くらい住むような見込みの話もしていた。

でも不動産屋を通さず、しかも契約書を交わしていなかった。親戚だから。
さあ移住、と考えたときに最初の段階で心配になる一つが「物件」のことだろう。
このトピックには、いくつかの傾向があることが自分なりにわかってきた。

①不動産屋を通すパターン・通さないパターン
②空き家多いのか少ないのか問題
③誰かが帰ってきちゃう
④借りるのか、買うのか

「空き家」とは何か。ここ周防大島、空き家のように見える家はそこら中にある。〝ように見える〟としたのは、「誰も住んでいない」けど、盆や正月など年に一回以上「誰かが帰ってくる家」もたくさんあるからだ。状態はピンからキリまであり、今にも崩れてしまいそうな家から、オシャレな家に変わりそうな古民家、はたまたモダンな家、いろいろだ。とにかく、普段使っていない家が種々たくさんある、という光景を思い浮かべてもらえれば。

物件を見つけるときは、東京にいたときのように「不動産屋を通して物件にあたり、大家さんと契約」するのが通常のプロセスなのかと思っていた。が、こちらでは「大家さんと直接やりとり」というケースもわりとある。これには驚いた。

僕はたまたま親戚がいる地域に移住したので本人との貸借になったけど、他にもまず、役場、お寺、地域の人、長老みたいな顔役的存在の方などを通してのマッチングがあり、そこから直接契約していくことが頻繁にある。これらの立場の方の活躍が、移住者にとっては本当に助かるし、安心だし、重要な役割を担っていると感じる。

さて、それでは物件に住めるようになったとする。じつはそのあとにちょっとした落とし穴がある。自分の体験と何人かの友だちの体験、聞いた話などを並べてみたところ、「なーんか似てる」と感じたことがあったのだ。条件、要因が違うのでどれもがケースバイケース。十把一絡《じっぱひとから》げにとらえられないこと。そこを十分注意した上で、思ったこと――。

人は、気持ちが変わる。状況も変わる。

当たり前だけど、そういうことだった。

よくあるのが、過疎地ゆえ「どうしてくれてもいいよ（＝リフォームしていい）」「誰も使わないから」というふうに最初に言ってくれるのだけど、どの段階かで、時おり状況が変わってきてしまうことがある。つまり「やっぱり使う」「誰かが帰ってくる」などなど。

こういうときのためにこそ！　「契約」という知恵があると思うのだけど、たとえばケース・中村では「親戚」だったのが落とし穴。契約書を交わしていなかった。リフォームしてしまった点ではある種哀しい方向転換を迫られたけど、もちろん大家さんの意向と約束が最優先だし、むしろそれまで好意で貸してくれたということには、感謝してもしきれない。

またある友人のケースでは、自宅兼店舗として物件を借りて約束しながらことを進めていたのだけど、途中でだんだん条件が変わって雲行きがあやしくなり……数年かかってようやく解決し、開店できたというケースも。言ってみれば口約束なわけだけど。ニュアンスだけで見ればそこまで軽くない。「契約」という行為がしっくりこない肌感覚もある。グレーな「空き家」の需要と供給のバランスも関係しているようにも思う。まあ「契約」したほうがいいのだとは思う。

このあたりの対応は、地域や行政によりさまざまだろう。


また別の角度では、気持ちが変わるのではなく「判断する人が変わる」ということもある。どういうことか。それは直接やりとりしている相手ではなく、その家族、親戚、関係者のどなたかの考えが、時間差で反映されることがある、ということ。

たとえば、やりとりしていた方が亡くなって、知らない間に家族の誰かに決定権を持つ人が変わっていたり。その背景がこちらにわかっていないとき、「大家さん本人の言っていることが変わっている」と見えてしまう。

この場合は、大家さんの向こうで、何かが起こっているパターンだ。

不動産屋さんを通さないからこういうことが起こるんでしょ、という意見もあるかと思う。この地域では、都市部と家や土地の価値がまったく違うので、不動産業が成り立たないのかもしれない。

僕の身近では、そもそも実際に不動産屋さんがないことや、またあったとしても過疎地でわざわざ通すことに必然性がないので、直接契約できるのであればそれでいいと思う。誠実に暮らしていれば、困ったときにはまわりの人が助けてくれる経験も、ままある。なので、こういう事態が起こる前にできること、それは次のような構えなのではないか。

最初は借りて、地域に慣れてきたら、買う。借家のときは、あまり手を入れない。しょうもないスローガンみたいになってしまったけど、もし、こういうことを事前にキャッチできていたら、僕の場合ももうちょっと違っていたかもしれないなあとも思う。

じつは、親しい農家さんのなかには、開墾した畑でも似たようなことがあるとも聞いた。畑を整えるには莫大な労力と時間がかかる。そうしてできた「土」が、あるとき使えなくなると思うと……。

身近にあるということは、やはり「あるある」なのかもしれない。

でも、じゃあなぜそこまでして、ここで暮らしたいなんて思うのか。

うーんと唸ってしまうけど、それはやっぱり「人間らしい生活」ができている感じがするから、だろうか。余計な悩みごとが少なく、ちょっとした喜びが最高。居るだけでまずは喜んでもらえる。生きていける。生まれて三十年、都会の絶望と希望のなかでくんずほぐれつしてきたので、これは何回も言っていいんじゃないだろうか。できればさわやかに。

さて、家を出る必要に迫られた中村家、次の住まいへと舵を切った。正確には、住まいというか「元・保育園」を買った。ほいくえん!? より正確には、妻が買った。

妻が僕に「農業」を勧めた。僕の前を、いつだって彼女が走っているのだ。

4 断水 inda House

水の流れに身をまかせ

周防大島は正式名称を「屋代島《やしろじま》」という。周防大島というのは昔からの通称なのだそうだ。島の由緒にしたがってついた正式の名前と、定着してしまった通り名。その二つを背負った島。その年頭の出来事。

二〇一八年一月十二日。年明け早々、おだやかでない事態に見舞われた。

全島が断水――。

なんらかの原因で、島へつながる送水管が破損し、上水の供給がストップ。各家庭の水道がこれから止まるという報《しら》せが駆け巡った。外出先の妻から「いつ復旧するかわからないからお風呂に溜めておいて」と連絡があり、ちょっと大ごとな雰囲気。その破損箇所をニュース映像で見ると、あらら。本州と一キロの長さでつながる「大島大橋」の橋げたの真下から、水がボタボタと垂れている様子が映し出されていた。

「こちらは〜、防災〜すお〜お〜しまちょ〜〜、役場から〜おしらせです〜〜」

各家庭に設置されている防災無線が大活躍、集落の大きなスピーカーからもしきりに流れている。島内の数カ所に、給水車も配備されるとのことだった。

——この断水。のちの橋の事故による断水の十カ月前に、たまたま起こった別の出来事である。


集落には高齢の方がたくさんいるし、わが家は完全に水道頼み。「復旧のメド立たず」の報が繰り返されていたので、これからどんなことが起こるのか、見当がつかない。

友人や集落の方と「何か必要なことがあったら言ってください」と連絡を取り合う。島内のホームセンターへ行った人からは、ポリタンクはすでに完売だった、と。まわりのお年寄りは大丈夫かしら？　病院は？　学校は？

ところが、しばらく様子をみているうちに、困っていない人もたくさんいることがわかった。井戸や山の水、川の水を使える家も多くあって、そこでは日常が流れている。トイレが汲み取り式のところも当面、不自由なさそう。病院や介護施設などもバックアップがあるとのこと。ほうほう。

水道をひいているわが家は、しばらくして止まった。台所、トイレ、洗濯、風呂、じわじわとその不便さが忍び寄る。不思議なのは、「止まっている」と頭でわかっていても、何度もつい蛇口をひねってしまうこと。

「あ～またやってしまった」

あとで訊いたら、まわりの友人たちも同じことをやっていたそう。これは相当なクセになってしまっているんだな。

最初のわが家はリフォームしたときに、一番安くてシンプルな「水洗トイレ」を設置していた。このタイプはバケツに二、三杯汲んでは入れを繰り返すと流れてくれる。一方、歩いて一〇〇メートルほどの場所にある祖母の家は、ウォシュレット仕様。こちらはバケツでせっせと入れてもなかなか流れず、多くの水を必要とする様子だった。

母は、洗濯機に水を入れる際、バケツが重いのが大変だったようだし、近くの学芸員の友人は「昔はあって、今は日常になくなった『水を運ぶ』という動作が、とてもストレスだと感じた」と話してくれた。

こんなとき、家がハイテクで便利に設計されているほど大変なのかもしれない。それと同時に、となり近所で井戸を持っている方々が「使いんさい」と教えてくれたり、何気ない言葉をかけ合ったり。各所でちょっとした触れ合いがあった。

とにかく、「水」をきっかけにして普段の生活が組み換わったようだった。

この島は現在、周辺の小さな島も合わせて一つの町。今は一万七〇〇〇人（二〇一八年時点）ほどが住んでおり、かつてはその四倍の人々が生活。二〇〇四年まで四つの町に分かれていた。自宅のある地域は島の東端にあたり、それまでは高齢化率は日本一だった町。先日、島に来ていた台湾からの若者も「さすがにそこまでとは」と高齢化の様子にびっくりしていた。

今から二十年ほど前に、広島と山口の県境にある水源から全島を賄《まかな》う水道がひかれた。それを支えているのが、橋に並走するこの一本の送水管である。

「水道は悲願じゃったんよ」

そう教えてくれたのは島の西長寺の川西住職。さらに言うところ、この島にかぎらず瀬戸内は「多島海」であり、その歴史は「雨乞い」の歴史でもあった、とも。昔から、この島での困りごとの一つが水だったそう。生活水はもちろん、じつは農業用水もかなりの需要があり、安定した水の確保が求められていた。

そういえば、自分自身もつい最近、こんな体験をしていた。自給用の米作りを始めた、その二年目の六月。

ガーーーン。田んぼが、カッサカサ。天候不順でしばらく雨が降らず、田植え直前にして水不足に陥ったのだ。

「これは緊急事態よ」

と近所のおじさんも、まったく水の溜まらない田んぼを毎日のぞきに来てくれた。あそこの井戸を使ってみたら、とか誰々にかけあって水を回してもらったら、とかいろいろ心配してくれて、実際に試したりもした。稲の苗は一カ月ほど前から準備しており、もうすぐにでも田植えしたい。数日様子見してみても、雨は降らず苗は伸びる。無理やり植えてもうまくいかないだけ……今年の米作りをあきらめようかと話していた。

そのとき、見かねた別の友人がすかさず助け舟を出してくれた。水が充分に取れる別のエリアの畑を貸してくれたのだ。

「引っ越しだ！」

今年だけその別の土地を借りることにして、畑から田んぼへと急ぎ整え、代掻《しろか》き、すぐ田植え。そうしてドタバタしながらなんとか米作りができた僕たち。ふーーーっ、ありがたや。

この乾きを見ての「水道は悲願」。それも納得の状況だ。

僕が住んでいる島東部の地域は、とりわけ高い山がなく、以前からとくに水に困る地域だったらしい。だからという理由もあって、周防大島は戦後、田んぼがみかんの畑に変わっていった。

近くの役場職員の方は、「うちにも井戸水があるにはあるけど、鉄分が多いみたいだし、枯れることもあった」と言うし、もっと島の奥の人に聞けば、「井戸水を使っているんだけど、雨が降ったら濁りおった」とも。地下水と水道を併用していたり、みなさん工夫してきたそうだ。


ところがやはり、別の角度の声もあった。

「おいしい地下水があったのに、合併して水道が入ってしまってねえ」

と少し無念がるのは、島の中央部付近に住む大先輩。

地元の方々が編纂されている島の歴史冊子、「屋代島随想」のなかにはこう記されていた。

「水に恵まれたこの島は狭く急峻な地形です」

もともと周防大島は中央部にかけて、瀬戸内海では小豆島に次ぐ高さの峰々がある（「瀬戸内アルプス」とも呼ばれるそう）。自分も何回か山中に入っていくことがあったけど、たしかにそこにはおいしく、豊潤な水が流れていた。自宅の庭先でわさびを作っている（！）方にも出会った。清冽《せいれつ》で豊かな水を必要とする植物だ。その人たちには、身近に「豊かな水がある」と感じられていることだろう。

「大島」たる大きな島、周防大島＝屋代島（ややこしい）。島のなかで「水の有る無し」は場所によって全然違うらしい。

それぞれの地域や家庭ごとで、まったく違う様子を見た今回の一件。地域の条件、コストの問題、さまざまな歴史の要請で、期待を一つにまとめていた、一本の送水管。そしてやはり、「井戸がある」「山の水がある」とあらためて大自然の安心感を覚えたのも、確かだ。島の人口は、日本各地と同じようにじりじりと減少中。水のことは、これからも考えていくにふさわしい命題だ。

中村家は三日後、すべての地域が復旧したのは十日後。作業にあたられた方の尽力もあり、みなさんそれぞれの事情とともに普段の生活に戻っていった。

さてさて。今年の米作りは、いかに。

橋が壊れた1

ダンス・イン・ザ・ファーム（dance in the farm）。僕がこんな連載タイトルにしたからだろうか。まさかの今年二回目となってしまった大島全島での断水が今も継続中だ。一ヵ月経った今日。四十歳の誕生日を迎えた朝にこれを書いている。

正直、疲れた。

という書き出しを書いたのが二〇一八年十一月二十二日。気づけば一ヵ月以上が経ってしまった日にこの文章を書き始めている。つぶさに書いていきたかったけど、事故発生からあまりにたくさんの出来事が毎日刻々と現れて変化していった四十日。ずっと続いた非常事態。ポジティブなこともネガティブなことも書ききれないほどあった。

まず、どういうことが事象として現れたか、続けてみたいと思う。

十月二十二日の未明、周防大島と本州を結ぶ全長一〇二〇メートルの「大島大橋」に船がぶつかった。橋よりも高い大きな貨物船。所有者はドイツの会社。

高さ約四〇メートルのレーダーマスト、さらに三五～三六メートルのクレーン四基を搭載した船体で、大島大橋（海面からの高さ三一・九メートル）の下を通過しようとして衝突（「長周新聞」二〇一八年十月二十四日）。

それが橋を傷つけ、水道や電気、インターネットのケーブルをひきちぎり、船も橋の高さを一〇メートルほどオーバーした自身の構造物を折って去っていった（十一月八日船長は業務上過失往来危険の罪で略式起訴・罰金五〇万円）。

僕はその日、島のお寺・荘厳寺での住職の代替わりの行事に参列した。数十年に一度の盛大な儀式とお祝いに、他宗派ながら加えてもらって、娘も「稚児《ちご》行列」というお披露目のお祝いの列に参加して。とにかく特別な一日を経て家に帰って床についたあとの夜だった。

翌朝から、僕の家を含む全島民に影響が出てきた。まさかそのあとあんなに長くなるとは思わずに……。

「日本経済新聞」十一月二十二日の記事によれば、

「橋の下部を通る送水管が切断され、島内の九八パーセントの家庭や施設への給水が止まった」。

電気やネットのケーブルはバックアップがあったりしたため、すぐ修理が済んだ。そして橋の破壊による二つの大きな影響が出始めた。

話はちょっと先に進む。もともとこの渦中、事故から約二十日後の十一月十一日に森田真生さんによるライブ「数学の演奏会in周防大島」を企画していた。本当にできるかを慎重に考えて、多くの人の力を借りて会を開催した。

本当に偶然なのだけど、この参加者のなかに「全国の橋の点検をする技術者」の方が九州から参加していた。「この六月に大島大橋を点検したばかり」という。この橋は「トラス式」というタイプで、一カ所でも破損すると全体の負荷のバランスが変わり危険な状態になる。そう教えてくださった。船の衝突によって「現に危険な状態になっている」「もう少しずれていたらもっと危なかった」という。

橋の破壊の直後から、「片側通行」と「風速五メートルで通行止め」（当初は三メートル）、「二トン以上は日中通行不可」という厳しい条件での通行が許可された。風速五メートルなんて、普通に吹くような風だ。

島の人「島の外に用事で出ても、風が吹いて橋が止まったら帰ってこられなくなるかもしれない」

外の人「島に遊びに行っても、風が吹いたら帰れなくなるかもしれない」

実際に「通行止め十二時間」。その間、ずっと車の中で待つ人も出るような事態が始まった。

物流と、人の流れが極端に不安定になり、出入りすることを控える。そのことによって、他にもいろいろな影響が出た。

たとえば、

・主要な産業の一つである、観光客の激減。
・学校の先生、生徒、役場の職員、商売、つまり学校や仕事の足のストップ。
・宅配便のトラック、シーズン本番を迎えたみかんの出荷の大幅な変更と遅延。
・資材が入らないための建築・土木工事のストップ。
・予定されていたイベントの中止。

などなど。

一見関係なさそうな本州側の柳井市。そこでも、お店の売上が減ったという話もあがった。

島の人が買い物に行けなくなったからだ。影響は多大で多様で、書ききれないくらい。

周防大島の交通は四十二年前に完成したこの橋が要となっていて、四国・松山と本州・柳井を結ぶフェリーは通常、深夜便を含む一日四便（当時）。たくさんの輸送に向いているとはとても言えない状況。僕は「臨時でフェリーの便が増えないのかな」と思っていたけど、どうも費用が掛かるらしい。風で橋が止まったときのための歩行者用の渡船が三隻用意され、約一ヵ月後の十一月十八日の仮復旧まで続く。実際にそれらの船が使われることも多かった。

この状況プラス、水道管が切れたことによる「断水」。

水が使えないのと、お客さんが足止めされるのと。宿泊施設や観光向け商売の四十日にわたる休業。四十日給料が払われない友だちの話を聞いて、愕然とした。

水がなくて、保育園、学校の給食が作れない。病院、介護施設の職員は給食もお風呂も提供できない。あとで聞いたら職員が一日中車で給水所を何往復もして、トン単位で水を確保する日々が始まっていた。そして、各家庭への影響――。

この章の最初に書いたとおり、そもそも周防大島では今年一月の時点でも三～十日間の断水が発生していた。なので「またか」と思った島民の方も多かった。うちもそうだ。いったん経験していたから、そのときと同じように、家庭でポリタンクでの給水が静かにスタートした。

事故発生の四日後、十月二十六日、僕はツイッターでこう書いていた。

困り方に各家庭でグラデーションがあって（まったく困ってないんだーという話まで）、なんとなくこれから風呂に入れない不便さや、水を運ぶののしんどさが来そうな気がしてます。風呂、洗濯、洗い物、水洗トイレ、炊事、、、

とにかく風呂、洗濯、洗い物、水洗トイレ、炊事、これらに水をたくさん使う。

この時点では、「井戸や山の水のある家」と「井戸はあるけど飲み水としては使えない家＝風呂、トイレ、洗濯、洗い物はＯＫ」、そしてうちみたいに「水道頼みの家」などいろんなパターンがあり、地域や血縁などによってそれぞれで情報を交換。「井戸あるから使っていいよ」「風呂に入りにおいで」と自然発生的に助け合いが始まった。

一月の経験もあり、初めのうちは拍子抜けするほど個々人の対応はスムーズだった気がする。炊事、洗い物にたくさんの水を使う上に、小学校と保育園の給食がストップしたのに、妻がのちに「断水ハイ」と振り返るように、どこかテンション高く楽しんでいたところがある。初めのうちは。

中村家は、親戚の家の風呂を借りに行った。井戸水がある家だ。その親戚は八十代の夫婦で、日暮れとともに、つまり夕方六時くらいに床につく家庭。こちらはそんなに早くには帰ってこられないので、八時九時になってしまうと伝えると「ええよええよ」。その言葉に甘えて、寝室の横を通ってお邪魔していた。

ところが、途中途中で復旧の見通しが出る。「あと一カ月も⁉」と想像を超える深刻さが明らかになっていく。だんだん申し訳なくなってきて、親戚の家の風呂を借りるのは徐々に遠慮するようになった。町内の入浴施設が三カ所、島の外の入浴施設も島民のために無料開放してくれていた。訊くと「洗い場が並んでいる」という話でけっこう混みあっているよう。僕はだいたい五日にいっぺんの入浴になった。

知り合いのおばちゃん（Aさん・八十代）に様子を訊きに行ったら「友だちを誘ってね、みんなでドライブしながらお風呂入りに行ったんよ。たのしかったよ」とほのぼのするひと言もあった。

一方、僕はそのころ、

「自衛隊が来てくれているみたいだけど、災害でよく見る仮設風呂は来ないのかな」

と思っていた。ある人からは「今来ているのは航空自衛隊で、お風呂を持っているのは陸上自衛隊みたいよ」とも聞いた。

これらがだいたい前半の話。

助け合いも、時間の経過とともに状況が変わっていった。僕が聞いた話では、普通の家庭に「毎日誰かが来る」「起きてないといけない」という状況に、日が経つにつれストレスを感じていったという人もいたし、逆にそれを楽しんで、毎日のように宴会をやっていた人もいた。こればっかりは性格や各家庭の事情による。いずれにせよ、本来あるはずのなかった光景だ。

二〇リットルのポリタンクを車に四つ積んで給水。家に持って入る。台所に置く。重い。

僕が住む集落のおばちゃん（Bさん・八十代）が車で十分ほどの距離にある給水所に原付で来ていて、一〇リットルのポリタンクと六リットル×二袋の災害時用ビニールに入れていた。「あぶないから持って帰るよ」と声をかけると最初は「大丈夫じゃろ」と言ってたけど「遠慮しないで」と言ったらおばちゃんも「そうじゃね、乗せてってもらおうか」と何度もありがとうねと笑って、僕の軽トラに乗せた。

ご縁のある島外の方から支援の声が寄せられるようになった。ペットボトルの水が送られてきたり、洗い物をしなくていいように、紙皿など使い捨ての炊事道具、体を拭くもの、そして「使って」とお金の寄付をいただいたり、島外から駆けつけてくれたり、オンラインショップから買い物をしてくださったり、それを他の人にまた紹介してくださったり。メールや電話、ＳＮＳでのメッセージで「大丈夫？」「何かできることない？」と声をかけてくれるのが心強くうれしかった。「見捨てられていない」という気持ちになって、救われた。

周防大島は、何度もいうように、大きい島だ。そして、先ほど書いた「各家庭のグラデーション」が時を経るにしたがってさらにまだらになっていく。

僕は送っていただいた二リットル入りのペットボトルの水を縁のあった方から配り始めたのだけど、これが当たりはずれがすごい。家に行って、

「水よかったら使ってください」

と言うと、

「うち井戸あるんよ」「大丈夫よ」「誰かほかに持っていってあげて」

なんてこともしばしば。でも、それを防ごうと持っていく前に事前に電話したとしても「遠慮される」ことがわかったので、家に直接持っていくしかないのだ。

もちろん「ありがとうね」「いくらあっても助かるけえ」と言われることも何度も何度もあって、方々で喜んでもらえた。

「使い水」と「飲み水」を分けて考えている人たちが大半で、二リットル入りの水は飲み水、炊事用。なので、とてももったいなさそうに使っていた。

困っている人と困っていない人がわからないので、「情報がどこかに集約されていないか」と町の担当課や社会福祉協議会などに訊いてみたら、「民生委員が把握している」ということだった。三週間後に、民生委員からの情報をもとにした、支援を必要とする人の数字が出てきた。だけどその数字は「リアルに要支援な人」で、実際よりも少ない印象の数字。だから「健康だけどお年寄り」とか「健康だけど車がない」とか、そういう人は勘定に入っていなかった。もちろん民生委員や役場の人も同じように島民であることが多く、被災者。みんな初めての体験をしているのだ。

同時にこのときから、各集落の消防団による家庭への給水支援が始まったのだけど、仕事のある人も多く「土日しか動けない」、また地域によっては「消防団自体が高齢化」している。そういう問題があらわになった。

いろいろな人たちができることを模索していた。たとえば周防大島の「島のむらマルシェ」の実行委員は、調理の難しいなかで「あったかいご飯が食べられる場」として、また「おしゃべりできる場」として、炊き出しイベントを毎週実行。そのときに支援いただいた水も配布していて、僕もスタッフとして参加したのだけど、想像以上に手に取って帰られる人が多かった。断水が解消されるまで続いた。

マルシェだけでなく、島の多くのお店や個人宅で、井戸を持っている人は井戸を開放、また洗濯機を開放したり、トイレを開放したり、炊き出しをしたり、多くの助け合いが行われていった。

なかでも特筆すべきことがあった。それは途中で知った、みやた農園の宮田正樹さんの活動だ。

「島の人はみんな家族なんだ」という心境でいた宮田さんは、断水が始まってすぐの段階で、近くの給水所で待ち伏せして、お年寄りの方に声をかけ始めたのだという。おうちまで水を運びますよ、と。そして畑仕事の前後の朝夕、「空いた容器を回収して、給水して運ぶ」という作業を毎日淡々と繰り返していった。

そんななか、事故が起きて二週間経ったころ、こんな注意喚起の町内放送が入った。

「断水に乗じて、水を自宅まで運び料金を請求しているとの情報が寄せられています」

この放送で状況が変わった。つまり、見知らぬ人間が家まで運ぶと、たとえ善意であったとしても「怪しい」と思われるので家まで運べなくなった。実際に、宮田さんも不審者に間違われることも出てきたほどだ。

ただ、宮田さんは初動の速さで、すでに多くの人との関係性を築いていたので、断水解消まで水の配達は続けられた。

そして、時はちょっと進んで断水解消後の議会を傍聴しに行った際。町による放送の内容は「被害の裏付けがなかった」ということがわかった。つまりウワサどまりだった、と。僕やまわりの人たちはおおいにずっこけた。

給水車による給水所は、最終的には一四カ所プラス巡回で、僕の集落には週一のペースで来て開設された。

十一月六日から募集が始まったボランティアによる給水支援。これは、「給水車」から「自家用車など」に載せるまでのサポートとなった。この限定された支援は、つまり先のウワサにも起因しているということになる。

給水した容器を、各自、車や自転車や原付や歩きで家まで運び、「家の駐車場や玄関」から「家の中」まで運ぶ。個人個人がやらないといけない。

車に乗れない高齢者は離れた給水所まで歩き。島だから坂道もある。ポリタンクを「ねこ車」に載せて一キロ歩いた人。何度も往復できないので、「できるだけ多く」といっぺんに二〇リットル入りを四つ持ってきて、重いので半分の一〇リットルずつ入れて、結局持って帰れなかったおばあちゃん。

また別のおばちゃんに聞いた話。

「断水最初のころ、ボランティアもいなくて自分たちで給水していたとき、行列ができてて、あるおじいちゃんがペットボトルに入れようとするんだけど、ボトルの口が小さいうえに手が震えてほとんど入らなくて、それを後ろに並んでいた人がイライラして『こがなこまいもん持ってくるな、もったいなかろーが』と怒っていた。そのとき、さらに後ろの人から『そんな怒らんでもねえ。自分もそのうちそうなるんじゃけえ』と声があがって。笑ったよねえ」

追記
二年経った二〇二〇年秋。縁あって知り合った七十代男性、川端善信さんという島の先輩にたまたま会って、外に腰かけておしゃべりした。

「最近体の調子が思うようにいかんくての」

「思えば、あの断水になってからよの」

川端さんは、送水が再開されるタイミング、断水の最後のころに蓄積された腰の痛みで病院に行った。そして、手術を受けていたほどだ。この方の症例は、報道の数字にカウントされていない。

そんな川端さんが僕のことを気づかってくださった。

「中村さんも、体無理しなさんなよ」

自然災害ではない、「事故なんだ」ということが、法的にも影響しているようだ。起こっている事態には、そう変わりはないのに。

橋が壊れた2

水道は、重たい水が自動的に運ばれてくる。家の蛇口まで。この驚くべき事実を、この断水期間の長さによって心の底から実感した。僕が給水ボランティアの作業をしていたとき、ある人が、

「幸せはすぐ近くにあったんだな」

「失ってみて初めてわかった」

と注がれる水を眺めながら語りかけてくれた。

水道が止まってしまった以上、本来なら、家まで誰かが運ぶ仕組みができたらよかったと思う。

各自で運ぶ。これらがのちに骨折者、腰痛、入院、つまり「ケガ人が発生する」ということを引き起こした。あるおじちゃんは、腰が痛くなって注射を打ち、奥さんが代わりに運び

始めるも疲労がたまり足が上がらなくなった。断水解消後に電話すると、「あのあと痛うてやれんくなって、入院になったんよ」と二週間入院。これが先述の川端さんだ。また、別のおばちゃんは、断水解消直前に二〇リットルのポリタンクを二つ抱えて部屋に上がる手前でこけた。そして広島へ通院。

報道では、入院も含め八〇人近くが骨折など水の運搬に伴うけがをされていたという発表（「中国新聞」二〇一八年十二月二十日）。

それ以外も含めた全体の被害の数は実態ではもっと多いだろうことは、想像に難くない。

断水最中も送水再開されたあとも、地元のいろんなお年寄りとおしゃべりしていくなかで、よく聞くフレーズがいくつかあった。それは、

「うちはまだマシ」

「これで済んでえかったよのう」（腰をさすりながら）

「おかげさまよ」

「お年寄りが大変だったよねえ」（自身がお年寄りなのに）

「みなさんが助けてくれてありがたかったよ」

「しゃあないよねえ」

「まあ、お金は使ったよねえ」（笑いながら）

また、地元の若い人に訊いても、

「起こったことは仕方がない」

「まあこれで済んでよかったよ」

という声が少なからず。そして、

「怒ってもしょうがない」

「怒りたくない」

という言葉も。

もちろん、移住者でも地元の人でも怒っている人がいる。でも、それが塊《かたまり》として見えるようなことにはなっていない。

たしかに天災とはまた違うアクシデントで、ドイツの船会社なのか国なのか県なのか町なのか自分なのか、どこに向けて怒っていいのか。でもそのことにエネルギーを注いでも仕方がないし、それよりも今、どう生きるか。今生きていることの幸せ、ありがたさを。そういう生き方、考え方を示しているように思えた。

先日僕がラジオに出演した際には、生放送中に、島の方から重要なリスナーメールが届いた。

「さっき賠償の話をされてたけど、その話あんまりしてほしくありません。もらえない場合があるので期待させるような誤解をするし、これからみんなの気持ちがすさんでほしくないからです」

「優しい大島の島民に戻ってほしいです」

僕は、この島で生きる人の「幸せ」と、今回の「おかしいな」と思うことの狭間で、すごく考えさせられてしまった。

おかしいと言ったほうがいいのか、怒らないほうがいいのか。島の人が不幸せに思うかもしれない言葉も放ちたくない。でも、あったことをなかったことにもしたくない。僕はそのことでとても悩んだ。


ところで、娘が通う小学校のパパ友の何人かとも会って話をした。実際にどう思っているのかなと気になってもいたから。自身も子どもと同じ小学校で育った人たちが多く、別の角度でこんな話があった。

「子どもは地域で育てるもんだよね」

「自分もそう育てられたから」

いいことをしたら他人の親からもほめられるし、悪いことをしたら他人の親でもきつく叱られる。「家を飛び出してしまったときに、近所のおっちゃんに慰めてもらった」。それくらい親密な関係がずっと続いていて、何か困ったときには「あのおばちゃん大丈夫かな?」「おっちゃんはどうか?」となる。

逆にその自然な口ぶりにハタと気づいた。僕はそういう体験が希薄だということに。

今回苦労された近所のおじいちゃんおばあちゃんにも話を訊いていくなかでしばしば雑談が展開した。

「四国八十八ヶ所まわったことあるんよ」とか、「大島八十八ヶ所まわるのが楽しみだったんよ」と。写真を見せてくれる。ある人は何度も「ありがとね」と手を合わせる。

水がないことでずっと給食が作れず、島外からの提供でパンと牛乳の日々が続いた。提供してもらっただけでもありがたい状況だったけど、少しでも何かおかずを子どもたちに食べさせてあげられないか、という声と行為が地域から自然発生的に起こった。そのおかずの提供も「お接待」の延長でさりげなくふるまわれ、また自衛隊の給水所にも「お接待」の数がすごくておもしろかったという話も聞いた。お接待というのはビジネス用語ではなく、島での慣習。施して自分の徳を積む、といった「布施」の行いのこと。

「おかげさまでこれで済んだよ」「悪い人も責めきれん」「おまかせする」、それがたとえば四国由来のお遍路の信仰だったり、阿弥陀さんの信仰だったり。その他たくさんの、この地に密着したそれぞれの心のよりどころ。宗教心、霊性が発揮されて、それが土台にあって乗り切れたんだ、と思った。

地域で育っていくなかで、当然そういう人たちの背中を見ていくことになる。子ども、その子どもと連綿と引き継がれる。だから自然なふるまいとして「怒らない」「騒がない」というふるまいもあるのかもしれない。

ある地元の方は、

「今回のことで、コミュニティの大切さを再認識したよな」

としみじみ教えてくれた。


断水解消後に開かれた町議会によれば、「橋が通れない」ということが影響して「給水車への補給」が難しかったとのこと。だから、大きい島にしては給水所が少なかった印象。

航空自衛隊も海水を真水に変える装置なども含む給水支援に十月二十四日から入り、「自治体での対応が可能になった」ことから山口県知事の要請で十一月七日撤収（防衛省・自衛隊ホームページより）。

その後の自治体の給水車や職員の手当については町の予算がついていたこともわかった。予算がつくこと自体は当然のこと。でも給水所から車まで無償ボランティアで、車から家の中までは各自自力。この仕組みが、今もってなんでそうなってしまったのかは理解できない。

十一月には、船会社から五〇〇万円の見舞金支払いの提案があり、十二月に町はそれを受け取っていた。そのことは議会の最終日にわかり、そのお金は、すでに町で断水中に稼働していた施設に使われている。

見舞金を町民に支払う予定はないかの質問に対し、「公金の扱いには慎重にならざるをえない」と町長は否定。

県主導の復興支援の施策も、観光と産業に特化した、「島外の人」が使えるプログラム、クーポン券の施策だった。

賠償請求の話も、つい先日行われた説明会によれば「個人で請求の準備を」ということだった。

そして、ドイツの船会社は危機管理のプロを雇っている――。

そもそも、災害の渦中から住民の実感として「誰が、何を今責任をもって進行しているのか」の主体がずっとよくわからなかった。対策本部があるのかないのか、あるとしたら誰がやっているのか、予算はこっちに使えないのか、ドイツの船とはどうなっているのか、などなどはてなだらけ……。

そのため、断水が解消されたあとに友人たちと自然な流れで「町議会を観に行こう」という話になった。断水中には開かれなかった議会が開かれる。そこで観て感じたことをもとに「これからのことを考えよう」と。

そして議会に行きつつ、地元のおばちゃんおっちゃんたちの話も聴く。その数日を通して僕は余計に動揺してしまった。これは……。

「……システムとスピリチュアルがぶつかっとる」

そう感じた。

明治以降に西洋から輸入した仕組みと、土着の感性が島で見るからに衝突している。そんな感じ。

「え、なんでそっちに先にお金使っちゃうんだろう？」

「思いやりある言葉は？」

行政で施される仕事や、政治から出る言葉と、実際に身近で起こっている助け合いのふるまいや言葉、それらがまったくと言っていいほどかみ合っていない、と感じてならなかった。

行政は現実をベースに答えを出している。現実にできることを目指す。だから一番わかりやすい「お金」をものさしに使って、しっかりと現実に着地させる。そういう感じ。

でも、個々人は違う。人によってだけど、生きていてほしい、幸せでいてほしいという「祈り」や「願い」「思いやり」、現実の半歩先の、言ってみれば理想にベースがある。しかもそれは過去のこととつながっている。

そして、行政も政治ももともとその個人個人が集まってできている。その地に住む人たちのなかにあるもの。

僕が普段おしゃべりしている地元のおじいちゃんおばあちゃんは、戦争を経験している。僕には、この戦争をまたいだ世代が「祈り」というふるまいを無意識にでも伝えている気がする。そのバトンは、島のなかで下の世代にも渡されている。

であるならば。

島外からの支援、祈りがあり、また島の人が呼応し、この四十日をともかくも生き残った。

地元の人は、

「自分たちの身は、自分たちで守る」

そのことを再認識した、と言う。

これからの自分たちの暮らしをつくっていくとしたら、こういう現実を認め、受け止めることから始める。

受け止めるというか、自分たちの生命、心や身体の土台をもう一回思い出す。何をベースにして生きているのか。生きていて楽しいのはどういうことか。事故を経た今、そう思う。

水、食料、ガソリン、電気、災害、自治。考えることはたくさん。超高齢化した島のなかでの切迫感と、人のエナジー。今ならまだ見ぬ世界をつくれる可能性がある。このチャンスを逃す手はない。

あらためて、支援の手を差し伸べてくださった、すべてのゆかりのある皆様、本当におかげで生き残ることができました。心から、ありがとうございました。

笑いと道

最近、三歳の息子は数字を読みたい、という衝動にかられているようで、毎日のように質問してくるようになった。

「これはなに？」「これは？」「これは？？」

1と7がごっちゃになり、9は「ろく」で6は「きゅー」。3は「8」で8は「ゆき」。雪だるまの形だから。絵と字の境があいまいなのがおもしろくて、覚えてほしいようなほしくないような。0はまだよくわからない一方、5はわかってしまったようで、少し残念。だけど得意げに「ご！」を連発してくる、その姿が愛しい。

「ひー、ふー、みー、よー、いつ、むー、なな、やー」

「今なんどきだい？」

「へぇ、ここのつで」
「とぉ、じゅういち、じゅうに……」

これは古典落語『時そば』の一節。毎年、島で開いてきた落語会がつい先日の二〇一九年二月九日に四回目を迎え、今回は立川談笑師匠が周防大島に来島くださって初公演。その一席目が『時そば』だった。

これまで三年にわたり立川志らく師匠が高座にあがってくださり、そのバトンを談笑師匠が受け継いで会場をおおいに沸かせてくれた。

小四の娘は、すでに国語の教科書で『寿限無《じゅげむ》』を読んでいたり、家にあった子ども向けの落語の本も読んでいた。

「最初に『そば』の話を始めたから、もしかしたらそうかなーって」

と娘。公演を二階席で聴いていて「知ってるやつだ！」と前のめりに楽しんだ様子だ。二席目も知っていた噺だったようで、帰って学校の日記にさっそく書いていた。自分で笑いながら、でもおもしろかったところをおもしろい状態で書くのに苦戦して、眠い目をこすりながら作文。それを見て僕は笑ってしまう。

一方の談笑師匠。あとでうかがったところ、高座にあがって話しつつ、会場を見渡しながら「お年寄りが多い、けど、あそことあそこに子どももいる……」とその反応を見て言葉のチョイスと何の噺《はなし》をかけようかと決めたそう。

終わった次の日、島の八十代の女性のお客さんから大きな声で、

「ほんと、よかった。言葉が出てこん」

「芯から笑った」

と声をかけられた。

幼児から九十代までがいる会場の中は笑いの連続。ハンカチで口元を押さえて笑う人や手を上げて笑う人。その幅広い人たちみんなが笑えるなんて。

僕も噺を聴いていたのだけど、古典の世界と現代を自由自在に行き来し、ギリギリの時事ネタも随所に放り込んでいく談笑師匠のスタイルに爆笑するお客さん、それをキャッチして返す師匠。その応答がスリリングでたまらない。

「みなさんも、この噺を構成している一部なんですよ」

そんな言葉とともに場を一気に一つにして、お客さんとの呼吸でリアルタイムに噺が創られていく様がとにかくかっこよかった。インストバンドYOUR SONG IS GOODの鍵盤担当、サイトウジュンさんが言うところの「ヴァイブスの調整」。音楽の高揚感にも似た感覚がそ

こにはあった。

「この会は継続したほうがいい」

義理の父に初めてそう言われた。

じつは、会をつくるのもなかなか大変。地味な作業の日々がずいぶん前から始まり、当日まで続く。

この会は、周防大島での昨秋の断水騒動のあと、あのタフな時期を経たあとの初めての生の演芸となった。一流の芸と言葉とが、いろいろあったことを「浄化した」と言ったら落語には野暮かもしれないけど、でもそんな場になったような気がした。続けてきた意味がはっきりわかった、そんな感覚。

ちなみに。

江戸落語を、下町出身の談笑さんの言葉を聴いたことで、僕自身が「地元」を、つまり東京を思い出したということも起こった。学生のころの友だちとのやりとりなんかが不意にこみ上げてきて、ちょっとだけセンチメンタル。芸のすごさを体感した。

談笑師匠と周防大島で過ごす中で、多くの気づきがあった。その一つ、移動の車中でのこんな話。

ある番組でロケに行った。それは東京の米軍横田基地のすぐ横の家で、さぞ飛行機の騒音などで迷惑し怒っているだろう、ということでインタビューしに、家に上がらせてもらった。

さて、その部屋のなかにあったのは……。

たくさんの「戦闘機の模型」。それが飾ってあったそう。そういうのが大好きな人だったのだ。取材陣も拍子抜け。騒音がしても、迷惑どころか喜んじゃう。話を聞いていて爆笑した。

大好きになると、迷惑が無効になる。迷惑なものを、大好きになる。

そんなことがあるんでしょうか。

ん、待てよ？　ちょっとデジャブ感。この一見奇妙なふるまいを、最近同じように感じた。くだんの橋の事故、あれは「ドイツの貨物船が橋にぶつかった」ということが原因だったわけだけど――。

橋の破損事故の被害や責任について、島でいろいろな人に意見を聞いていくなかで、少なからず「これで済んでよかった」とする人が多いのがわかった。むしろ自分の身に起こったことなので「仕方ない」、と思う消化の仕方。それは前項でも触れたけど、もう一つ、こんな考え方をする人がおられたのを思い出した。それも一人ではなく、何人かからの言葉。

「被害について訴える、ということよりも、たとえばこのこと（橋の事故）をドイツの人にも知ってもらって、それをきっかけに島に足を運んでもらったり、友好関係を築いたり、そういうふうになったらいいんじゃないか」

これを聞いたとき、「なるほど」と思う気持ちと、「人がよすぎ?」と思う気持ちと、「でも島らしいかも」と思う気持ちがごちゃまぜになった。そして、複雑ではあったけど、どこかポジティブな気持ちも湧いた。

先ほどの基地の話、順番は「飛行機が大好き」だから→「基地のそばに住んだ」のかもしれないし、逆に「基地のそばで育った」ので→「飛行機が好きになった」ということかもしれない。どちらかはわからないけど、島でのことと重なった。

迷惑なものを、好きになっちゃう。好きになろうとする。

なんか不気味。で、ポジティブ。

それがいいことなのかどうかは全然わからない。だけどこれもまた島国に自然な態度かもしれない、と思えてきた。どこに行くわけにもいかないし、と。

なんでこれらのことをいっぺんに語るのかというと、これまた先日、こんなことがあったから。

「住民として直接、船会社を訴えませんか?」

という提案。それが僕のところに来た。つまり「原告団の一人にならないか」ということ。

僕は悩んだ。本当に必要なことはなんなのか。訴えたほうがいいのか、そうでないのか。島の人らしさそのままで、できるベストを。

このことを書きながら、今、ハタと、思った。島に移り住んで体験しているこれらの出来事。もうほんと、何が何だかわからない。そのなかで自分にとって一つ確かなことは、じつはこの本の冒頭からちょくちょく出てくる、子どもたちの機微《きび》。それを毎日感じられていること。自分の子どもだけでなく、身のまわりのいろんな子ども。それなんじゃないかと。それだけは確かな感触をもたらしてくれている。

軌道修正

妻の悲願の建物へ。ついに新しい家に引っ越して住み始めた。十数年前まで保育園だった物件で、戦後ほどなくして建てられたもの。今まで住んできた島の小さな集落内での転居なのでそう大げさではないのだけど、今までとはちょっと違う。そもそも住居ではなかった建物なので、大幅に作り直したし、住まいにしては大きいのである。

「普通の家には興味がないねん」

「倉庫とかに住みたいと思っていた」

という妻の嗜好《しこう》に気づいたのは、一年前、リフォームを始めようというタイミングだった。

「そ、そうなの……」

この建物が好きで仕方ないと以前から聞いていたから、使いたいのはわかっていた。でも僕は「仕事場にするんだよね」と当然のように思っていた。住みたいと聞いてちょっと白目になった。「古くて、普通の家でないところに住みたい」という強い意志、というか癖を感じた。

二〇一九年の年末ぎりぎり、移ったばかりのタイミングで早速こんなことがあった。

園児たちの「おべんじょ」だったところ——小さな子ども用の便器が並んでいた区域を、家庭用のトイレや風呂場に改装した（黒木さんがやってくれました）。予算はカツカツなので一番安いタイプで、とお願いして。

その際、いったん決断していたプランを悩んだ末に途中で変更した。「水洗」から「汲み取り式」のものへ、と。汲み取りといっても「簡易水洗」というタイプで、パッと見はいわゆる水洗っぽくはあるのだけど、ふた月にいっぺんほど業者さんに取りに来てもらわないといけない。

「あらら、あっこにエントツがあるわ、と思ってびっくりした。下水道にはつながなかったん⁉」

一段山手に上がった、隣の家の方にこう言われた。保育園が現役で活躍していたときから、ずっとその場所で見届けてきたおうち。育てた野菜をいつもお裾分けしてくれる、優しいご夫婦だ。

「そう、そうなんですよ。保育園の土地が道路より下がってるから、下水につなぐのに二〇〇万以上かかるらしくて」

と僕。すると、

「昔は浄化槽だったんよね。下水につないだほうが、汲み取り呼ぶより結局コストかからんのじゃない？」

業者さんを呼ぶたびにお金もかかるし、下水が来ているのに汲み取りを選ぶとは思わなかったよ、と。

じつは、僕もこっちを選ぶとは思っていなかった。当然のように下水道につないでもらい、その下水は処理場へ。そのための工事の見積もりも出してもらっていたし、ほかの選択肢は考えていなかった。

なぜプランを変えたのかといえば、例の断水がわが家の工事が始まる直前にあったから。あの、水がなくなったときの水洗トイレの不便さったら。あれが効いた。

その断水の時期、小学校では、低学年の子どもたちが力がないのでバケツで水を流し込むのがうまくいかず「トイレをガマンする」という事態も起こった。そのうち高学年がサポートするようになった、といういい話もあったけど、とにかく、あの体験はなかなかのもの。汲み取りは水が少しで済む。また、下水をポンプで上げないといけないという、保育園の土地の条件もあった。そのため水だけでなく、電気も止まったら……。なので「予算上の都合」に加え、「なんかあったときのために」という理由でプランを変えた。

それでは、皆さんにここで、質問です。家庭用水の使い道は次の五つに分類されます。

A「炊事」、B「洗濯」、C「風呂」、D「洗面その他」、E「トイレ」です。これを、多い順に並べてみてください。

正解は、最も多いのがC「風呂（四〇％）」、以下、E「トイレ」、A「炊事」、B「洗濯」、D「洗面その他」という順番になります。これは、平成二四年度（二〇一二年度）のデータです。ちなみに、平成一八年度（二〇〇六年度）はトイレが一位でしたので、また変動があるかもしれません。

（『水運史から世界の水へ』徳仁親王著・二〇一九年／NHK出版）

「なんかあったときのために」という観点からすれば、「汲み取り業者に来てもらわないといけない」のは不完全な対策かもしれない。昔は肥溜《こえだ》めを使って肥料にしていた、ということを考えれば、このアイデアは「完全なる循環」ではないとも思う。汲み取りが断たれてしまえばどうにもできないトイレ。だけど、水、電気が止まっても当面は大丈夫という判断だ。

また、住み始めて数日してアッと思った。先ほどの「エントツ」は臭気を上空に放つためのもので、汲み取り式にはセットでついているものなのだけど、ある日、わが家の前が若干ニオウことに気づいてしまった。エントツの先端には電気で回るファンがついていて、鼻のきく娘が、慣れない匂いに気づき「うえっ」と言っていた。そして、アッと思ったのは――。

緊急時対応を考えた僕の「先進的ローテク移行」判断によって、今の時代、しなかったはずの臭気が、漂っているのではないか。これはただ単にわが家のエゴではないか。いやいや、昔は普通だったのでは？　途端に心配になり始めてしまった。

さらには、こんなことが浮かんできた。

娘のように匂いを感知すれば、そのとき匂いは「存在する」。ただ、もし気にならないならば、そのとき匂い自体は……存在しない。のか？　匂いがあっても感知しないならば、それは匂いは「ない」ということでは。あるのに、ない。ないのに、ある……。

無眼耳鼻舌身意　無色声香味触法……。

いやいやいやいやいや。まずは匂いが解消されるようにしないと。

資材があれこれ市販されているので試してみたところ、苦情もないし、現時点で解消された気もする。エントツからではなくて、地面にあるタンクのフタが開いていただけかも。という説も出た。

とにかく他にも、家庭用水は小川を通してそのまま海に流れていく。そして僕たちは、その目と鼻の先の海でとれた魚やひじきを食べたりする。なので、洗剤も考えざるをえない。

今はこれらの仕組みを採用してみて、考え続けていきたいと思っている。

ちなみに、この家はテレビの電波が入らない。海から数百メートル離れた山手に位置していて、山の陰になっているからなんだけど、まわりのお宅はケーブルテレビに加入して観ているようだ。今すぐに必要ではないなと思ったのでわが家にテレビはまだ置いていない（ゲームはあるけども）。

すると、子どもたちに変化が起きた。

トランプ、UNO《ウノ》のブーム到来。そして読書する時間が格段に増えた。娘は今、同じ本と漫画を何回も繰り返し読んでいる。ゲームもやるにはやるけど、それにしても暇すぎるみたい。

小五の娘が「トランプをやろう」と言うのでやっていると、四歳の息子が「やりたい」と参加してくる。ルールのわからない四歳に十一歳が伝授。トランプやUNOのゲームが辛うじて成立するのを見て「数字を覚えたんだな」ということがよくわかって、ちょっと泣けてきた。

ひらがなとアルファベットも少しわかってきたみたいで（Tを覚えるのが早かったのはチョコレートプラネットの影響）、カタカナ、漢字はまだわからない。興味を示す順番が、興味深い。

十一歳児は「ゲームは、ルールを守るほうがオモシロい」という立場で、四歳児はまだ「ルールを守るオモシロさがわからない」から、ルールを破壊しながら思うままにプレイしていく。姉はそれを叱りつけたり、「わからないか」と許して続ける様子がおもしろい。だんだんとルールを理解していく四歳児、でも、ルールを無視するさまも案外よかったりして。

保育園に置いてあった鼓笛隊のタイコを部屋に並べ、BluetoothスピーカーからSpotifyを使って曲を流しながら小太鼓、大太鼓を叩きつける二人の「時代」の遊び。ある日遊びに来た娘の同級生たちも一目散に楽器に走り、大声で叫び始める。保育園が、呼んでいる——。

「先進的ローテク移行」アイデアがもう一つある。それはお風呂に「ガス給湯」と併用で「薪の釜」と屋根の上の「天日の温水器」を採用したことだ。これも断水のときの体験がもとになっている。

初めて新居のお風呂に子どもたちと入った日。

「この水は太陽の熱であったまっているんだよ」

と説明して蛇口をひねると、キンキンに冷たかった水がだんだんもくもくと湯気を出して流れ始めた。それを見て、子どもたち、

「おおお〜」

「太陽すごい」

でもじつは、誰よりも僕が「おおお〜」だった。

こみゅにてぃわ

喜怒哀楽その他全部出た日々が、思えば復旧後まで続いた。戦争でもないのにこんなことがあり得るなんて思わなかったし、「逆に戦争なのかコレ!?」とまで考えてしまった。考えすぎだけど。だって、ワザとじゃないにしろ、外国船がぶつかって、みんなが危機に陥ったので。

トラブル・ハプニングが起こったときに、人が「どう判断して行動するか」、それから「その判断は何が基準でできているのか」。そしてインフラ。「水」ってどういう存在？　そういう問いに直面した。

天災だったら、雨なのか、風なのか、地震なのか。そこに老朽化が重なるなど複数の原因が組み合わさっていそうだけど、今回は一応原因がはっきりしている。その特殊な状況が、逆にいろいろなことを炙《あぶ》り出した。

ケガをした人の治療費は誰が払う？　一軒につき五個くらい買っていたポリタンクの代金は？　橋を直す費用。お客さんも従業員も来なかった幻の四十日の売上、バイトも辞めさせた。誰が損害を払う？

事故後わかったのは、こういう処理。賠償について、橋の修復代は「県→船会社」、それとは別に水道管の修復代は「町→船会社」、商売の損害は「事業者（個人、団体）→船会社」でそれぞれ請求しましょう（ただし弁護士相談窓口はつくります）、ということ。なるほどなるほど。僕はてっきり「行政（町）が、各家庭を代表して窓口になる」もしくは「政治がその宣言をする」「議会が行政に取りまとめを要求する」のかと思っていたけど、そこは行政／団体／個人とセパレート。それは自分としては驚きだった。請求そのものよりも「政治と個人の関係」が明確に表現されたからだ。

選挙で自分たちの代表を選んでいるはずなのに、自分たちの代表をしないって、どういう……仕組み？？？？？

「自分でやんなきゃいけないんだ〜」。個人では賠償請求なんてできる人、そんなにいるわけなくて。二〇一九年九月に約一〇〇人の原告による賠償提訴（二〇二一年二月四日、岩国地裁で棄却）も起こったけれども、島全体としては事故のことは終わった感覚である。

島の水道の「事業経営戦略」なるものを読んでみた。これは行政が一般公開している、今後の水道事業の見通しの資料。で、そこには想像以上にシビアな現実があった。「水の自給はできる？　できない？」という点と、老朽化した水道管などの「施設の更新」の課題だ。島外から受け入れる水道は「水が不足する」島の歴史と、周辺自治体同士がからむ「契約のこと」でもあり、大きなコミュニティの話。井戸水などの独自水源と比べて、水の利用率は圧倒的にこちらが多いし（給水普及率八九・六パーセント／平成二十七年三月末現在）、だからこそ難しい。だけど、今後も人口は減る、農業用水利用も減っている。この事実の認識から議論をスタートできる。

逆に、自給については井戸水、山の水などと現に利用できている家庭、地域があるし、個人レベルでの管理（井戸を掘ったり水源の掃除をしたり）次第で可能。こちらは小さなコミュニティの話。そもそも二つは次元が違うものだ、と知るところから今後のことを考え始めることができる。

また、水道管のこと。同じ年に管が破裂して島内全域が断水したけど、それは見通しよりも早く水道管が傷んでいる可能性を示していた。実際、大雨が降ったあとに水道管から漏水していることもけっこうある模様だ。わが家の前でもつい最近、あった。

十五〜二十年後には「老朽した施設が五割以上になる」とあり、絶望もする。けど、まだギリギリ考える時間も残されている。

今回、困っているときに島内外から手を差し伸べてくれたのは、圧倒的に個人だった。身のまわりの当たり前のような助け合い。そして寄付を通じて助けてくださった方々をはじめ、各地からのヘルプをいただいて、水を手渡していくときに実際に喜ばれた光景は本当に忘れられない。

僕は今、こんな個人のネットワークを、わけわかんないほど広く、力強くしていけることが希望だと思っているところがある。ヘイトしてる場合じゃない。だってどこかの誰かが、いつ何時、助けてくれるかもわからない。もっとおもしろいこともできるかもしれない。今はローカルもワールドワイドも関係なく、瞬時に声が届いちゃう。場所を問わない個人のネットワーク、これがきっと、楽しいですよ。

5

心と境

Walk Together Rock Together

運転中、三歳の息子がすでにスースー寝息を立て始めていた。目的地に着き、車を停めてそっとドアを閉める。一瞬だから大丈夫だろうと車から離れ、店に入り用事を済ませに行く。少しして店から出ると、車の中から声がもれ出てきた。泣き叫ぶ声。大声。車の外からでもすぐわかるくらいで、ドアを開けると、

「とっとがいい〜!」

息子がチャイルドシートの上で全力で泣いていた。

(起きるの早かったな……)

息子をなだめて、エンジンをかけ、島の外へ次の用事に向けてドライブ。するとまた「スースー」。車が動くと眠くなって、停めると起きちゃうのかな。また寝てしまったので、さっきのようにそっとドアを閉めて車から離れ、再び建物の中に入っていく。車は建物の横

のすぐ見える場所にある。用件をササッと済ませて外へ出る。するとまた車から泣き声が。

「とっとがいい〜！！！」

顔をぐしゃぐしゃにして、「いい〜」と言いながらパンチを何回も繰り出してくる。さみしさ、哀しさ、怒りが、混乱の表情から否応なく伝わってきた。

「ごめんね」

と謝り、おうちに帰ろうとなだめてすぐ出発。よっぽどイヤだったのか、なかなか気持ちが収まらない様子でずーっと泣いて数十分。チャイルドシートの横に落ちているお茶が飲みたいというので、海沿いの国道の路肩に車を停めた。後ろのドアを開けお茶を手に取ってやる。そして運転再開、さらに三十分以上かけて周防大島の家に戻ってきた。


…………ない。


すぐに、スマホを紛失していることに気づいた。失くしたのはこの三時間、息子と一緒に往復していた間だ。すぐに家の電話からかけてみると「プルルルル」の音。まだ生きている。いったいどこに置いてきてしまったのだろう。

「あっ！」

確信はないけど、さっき停めた「路肩」だ、きっと。それで、どたばたしているときに落としたんだ。おそらくそうだ。

きびすを返し一人車に乗ってもと来た道を逆戻り、スマホを探す旅へ。何時間かかるか、またロングドライブになるし、すでに夜になっているので正直めんどくさい。何も目印のないただの路肩だったので、運転しながら小さなスマホを目視で確認するほかない。島の外まで。うげー。

勘であたりをつけるけど、まったく見当がつかない。後ろからは僕を抜かしたそうな車があおってくる。まいったなーと思いながら、左にウィンカーを出してテキトーに道端に車を停めた。もう疲れた。

運転席から反対車線の路肩に向けて何気なく目をやりつつ休憩していると、

「ん？」

なんか落ちてる。車を降りて、対向車が来ないのを確認しながらその異物を拾い上げると……僕のスマホでした。画面が粉々のスマホ。バリバリグシャグシャ。

よく見るとそこはバス停になっていて、僕が駆けつけるのが一足遅く、何かに踏まれていた後だった。

「よく見つけたな〜」

我ながら、偶然立ち止まった場所で目をやった場所に落ちてたなんて、そのことに一番感心した。

（息子の怒り、執念が、スマホを落とさせた……）

粉々のスマホを助手席に置いて、こんなことを考えながら運転していた。三歳の息子は「さみしかった」という気持ちを表す言葉をまだ持っておらず、泣きわめき、怒り、「お父さんがよかった」と言いながらパンチしてくる。これが精いっぱいの表現だった。すまないことをした。そう思うと同時に――。

多くの人が知る仏教用語、「煩悩《ぼんのう》」。その代表は「貪瞋痴《とんじんち》」、「むさぼり、怒り、愚かさ」の三毒ともいわれ、毒というくらいに、仏教ではその「感情」の取り扱いが大きなテーマになっている。でもじゃあ、そんな機能がなんで最初からわざわざ人間に備わっているんだろう。そんなことをずっとぼんやり思っていた。そしてこの日ふと、この疑問と息子の叫びが結びついた。

「とっとがいいー！！！」

一人にしないで、こわいよ、という子どもの叫び。ここに生きている、なぜかわからないけど生きたい、という強い気持ちがそのまんま出てきて僕に伝わったかのよう（それがあれこれしてスマホが割れた)。

当たり前といえば当たり前だろうけど、感情は「生きること」にセットされている。この日、息子とスマホのことでやけに実感が伴ってきた。そして、感情を取り扱うといっても身体に備わっている以上、ただ「捨てる」「無くしていく」というワケにはなかなかいかないのだろうな、とも思えてきた。だからこそ、いろんな仏教があり、いろんな宗教がある。

ところで、民俗学者の新谷尚紀《しんたにたかのり》さんによれば、生きることは、「死ぬこと」があって初めてわかるのだそう。

「死を発見したことによって何が起こったのか。それは生の発見でもありました」(『お葬式 死と慰霊の日本史』二〇〇九年)

「死」は動物には認識できないらしいのに、我々ホモ・サピエンスはそれを発見してしまった。それは多様な葬儀を営むことからもわかる。死は概念、言語化されて発見されたものなんだ、ということらしい。

死を発見すると、「この世とあの世」が考えられる。なので、宗教が始まった、と。

二〇一八年に亡くなった祖母は、僕にとっては東京から移住したばかりの僕に、畑のことや島の暮らしを教えてくれた人だ。

・水路や溝を掃除する（あとで困るから）
・石垣には除草剤をかけない（崩れるから）
また「しきたり」について、
・家は「玄関」から入ること（初めて訪れる人や、正月など節目には誰でも裏の勝手口から入らずに）
・ガス台の上には物を置かない（火の神様のしきたり）
・集落の方が亡くなったら、親戚でなくても「お悔やみ」に行く（線香をあげたり、死に顔を見る）
・喪中の人は、集落の神社には参ってはいけない（現在、僕もそうしている）

大切な「神社のお札」を預かっているかどうかを、祖母には何度も確認された。あるいはほかの家の仏壇に拝みに行くように促してくれたり。祖母の家でこの文章を書いているたった今も、近所の方が仏壇に拝みに来てくれたばかりだ。

もともと冠婚葬祭の会場として使われていたのは、集落の真ん中にある公民館だ（落語会で使わせてもらっているところ）。結婚式もここでやっていたし道具もまだある。葬式も、葬儀屋さんや斎場が登場するまでは地域であげるのが普通だった。で、僕が住むところではまだその文化が残っていて、ほとんどは葬儀場であげるようになった今でも、時おり、住民中心になっての公民館でのお葬式もある。その光景をまだ目撃できている。

さらにもうちょっと前、父や母が若かった頃にさかのぼれば、そのまま行列をなして集落の墓地まで行き土葬をしていたとも聞く。当時使っていた祭具は、つい最近近くの砂浜で焼却することになった。もう使わなくなったから。僕もその現場に立ち会った。使えそうなものは、もらった。


僕の娘は、三歳のときに島に移住して、今は小学四年生。先日、娘といつものように砂浜で遊んでいると、貝殻やシーグラスを集めて持ち帰り、あるとき大きなジャムの空きビンに入れ始めたことがある。その辺に落ちていた枝を拾って「箸」にして。

「はい、ではこちらに、お入れください」

彼女が編み出したのは「骨壺遊び」だった。箸でザクザクザク。シーグラスをビンに詰めていく。なるほどなあ。その発想は僕にはなかったな。

島に来て、僕も娘も葬儀に立ち会うことが増えた。親戚でなくても、集落で誰かが亡くなったら、家にお悔やみに行き、家に安置している柩《ひつぎ》に手を合わせに行く。出棺のときも必ず、集落総出で見送る。それだけこちらでは死が身近だということだと思う。逆に東京で僕が子どもだったころは、幸か不幸か、葬儀に立ち会うことが一回もなかった。中学生になるまで人の死を見ることがなかった。

「生と死」がギリギリまだ生々しく身近にある島の暮らしは、僕にとってかなり重要なことだ。たぶん、子どもたちにとっても。

Punk Teacher Fight Together

僕は今、あることで悩んでいる。

近所にある公民館のことだ。この木造の建築物、約七十年前に芝居好きな住民自らの手によって、自分たちが舞台に上がるための「芝居小屋」として建てられた。そして、先ほど書いたように、結婚式やら葬儀やら会議やら、住民が何かと集まるときの場として利用されてきた場所だ。今は、週に一回集落の人が卓球を楽しんでいる。

芝居小屋なので、二階に桟敷《さじき》席もあるこのナゾでゆかいな建物は、地域住民全員の持ち物である。

だけど、この一年ほどの期間を経てついにこんな決定を下すことになった。僕を含む一三〇人ほどの住民の意志で「壊して新しいものにしましょう」と。そして今、僕は二つの考えに引き裂かれていて、それで悩んでいる。この建物を残す未来と残さない未来の間で。

もともと、ここに至る経緯としてこんな事情があった。
今使っている建物は、

①老朽化している
②修繕するのにかなりのお金がかかる
③海抜が高くないので、津波が来たときに避難場所にならないなので、
④住民がまだ健在のうちに、なんとかしよう
⑤申請次第で解体・新築に補助金が出る
⑥もう少し高台の場所に、少し小さめで新しいものを建てれば、これからも避難場所として活用できる
⑦二年後をめどに新築、および解体をしよう

そういう流れ。僕はその最初の話し合いの日がちょうど出張か何かだったために欠席してしまった。

さて、いち住民である僕の気持ちはというと、とても複雑なものがある。①②③について

は本当にそのとおり。そして④、これは僕が引っ越してきた二〇一三年には一五〇人を超える集落だったにもかかわらず、現在約一三〇人に減っていることで充分すぎる説得力を持っている。十代までの子どもがいる家庭はうちを含むわずか二つだけ。

集めるお金や維持管理について、これからも人が減り続けるであろうことを想像すれば、思い立ったときに決断をしないといけない。そして⑤⑥についてもなるほど、納得ができる。

スムーズに理解しながら最後に⑦。僕はここにきて急に立ち止まってしまうのである。

「壊したくない……」

どうして？　と自分でも思うし、その思いだけでは何ごとも起こらないのもわかっている。「それでお前はどうしたいの？」という問いも自分のなかから聴こえてくる。

繰り返すけど、いち住民としては新築・解体案はどうみても合理的に思えて納得してしまう。古いものを残したところで、住民としてはどんなメリットがあるのか。むしろなさそうだし、責任を持って畳むのが務めじゃないか。でも、今あるものを壊したいかといえば、直感は「ノー」という。

建物に宿った「温度」が何かを伝えてくるのだ。

僕の娘は現在小学五年生。卒業後は、これから統合する中学校に通うことが決まった。その第一期生となる予定だ。スクールバスで十分くらいのところにある現在の中学校がなくなり、もう少し先、おそらく三十分くらいかかる学校へのバス通学となる。

この距離のこともあるのだけど、そもそも「学校が消える」ことは何を意味するのか、ということが気になっている。

あるとき、島で生まれ育った人に統廃合に対してどう思うかを訊いてみた。

「人数が少ないっていうのは、さみしいもんよ」

「たとえば、チームスポーツが『成立しない』っていうのは、かなり切実なことなんよ」

このとき、返す言葉が出てこなかった。僕が生まれ育ったような、クラスがいくつかある学校とは違っているわけで、人数が多い学校では当たり前にできていたことが、できない。その切なさに対して僕は想像力をフル動員しなきゃと思った。そして、簡単に答えを出すことはできないんだな、とも。

学校が地域から消えるということは、今まで通りの意味での「近所の公教育機関がなくなる」ということで、そのことは同時に、これから子育てする家庭に対して「住む場所を考えさせてしまう」ことも意味している。「近くに学校がない」「ここに住んでもやっていけるかな？」という不安が起こるし、その事実のあとには、「まわりに子どもがいない」「一緒に遊ぶ人たちがいない」ということが続く。

今住んでいる集落で子育て中なのは二家族。昨日役場に訊いてみたら、この地域の全住民約一三〇人中六十五歳以上の方の人数は一〇一人。高齢化率という数字で見れば約七八パーセント。今後、どうやって「水路にゴミが詰まらないように」したり「農地を農地として維持」していくか。

先日、焦ったことがあった。地域の河川清掃のとき、僕は例年のように軽トラで土砂を運ぶ係だったのだけど、昨年までと一つ違っていたのが「助手席に人がいなかった」こと。積み荷を一人で降ろすのがちょっと大変で、人が減っているんだなあと思った。

＊＊＊

なんにせよ、「新しいもの」は人に快感をもたらすものなのかもしれない。

東京に住んでいたころ、わりと定期的に築地市場に行くことがあった。それはごほうびの時間で、朝早く出かけては友人と朝ご飯を食べるひと時。そして数年前、築地にあった魚市場は移転することになった。豊洲に新築。その後のことについて、正直そんなにいい話を見聞きすることがない気がしているけど、本当のところどうなのだろう。遠くに移ってしまった今、身近ではなくなってしまった。

部外者なのでもちろんインスタントに判断できないとは思うのだけど、「古かったものを新しく作り変える」ことに、積極的にでも消極的にでも進んでしまう背景には何があるのだろうか。「お金」の流れのこともあるだろうし、根源的に、新しいものが好き。本能的な「欲求や快感」があるようにも思えてしまう。

逆に言うと「古いものを修繕しながら維持する」的な営みには、その快感が無いのかな？どうだろう、直して使うことにもエクスタシーはあるのかな？

これからも、人間が持っているかもしれない新品オーガズムに従い続けてもいいものなのだろうか。いずれにせよ、もう築地はなくなってしまった。

予定していた東京のオリンピックの会場も、結局直して使わずに新築した。余談ながら、壊された周防大島の橋も、じつはオリンピックに関連した「ボルト不足」で修復が遅れた。今は通行には支障がないながらも、なかなか完治しない。遠くて近い、そんな話もある。

二〇一九年五月現在、わが家は旧・保育園を家にするリフォームの最中。この保育園はもともと公営で、取得前に「今後どうする予定か」を町に問い合わせたところ「解体の予算がつくのを待って順次解体する」という説明を聞いた。近くには小学校の廃校もあるのだけど、そこもまったく同じ状況のよう。解体の時期はいつとは決まっていないみたい。

保育園の建物の取得は初めての「一般競争入札」。妻ともう一人の業者のまさかの一騎打ち。このうらびれた物件が欲しいと手を挙げる人がいるとは思わず、入札の手が震えていた。無事取得したあと。建物のなかには閉園したときのあらゆるものがそのまま残っていた。ちょっとガックリ。むしろ使えそうなものは、ほかの保育園に引き取られたりで、ゴミが溜まっていた。これも古い建物あるあるだ。自分たちで片付けながら、考えた。町営の施設、かつて、どういう未来を想像していたんだろう。

そう言いながら一方で、僕は矛盾したことも考えている。小さなお寺（お堂）を建立するという話のこと。今日び、お寺が余っていくとも言われている状況で新築で建立する、「新品」で作る理由があるのかと言えば「うーん」。今のところ空いている島のお寺などの建物には縁がないので、答えが出るのを待っている状況だ。

とにかく、新しいものと古いものが僕のなかでずっとぶつかっていて、悩んでしまう。

最近、僕の家のポストにこんなものが入っていた。

「盆踊詩集」（和佐盆踊保存会）。

と書いてある。これは……。

数年前に、地域の自治会長から「中村くん、盆踊りの歌を覚えないかね？」と声をかけられていた。年月を経て、また今「勉強会をやろう」と投函されていたというテキストだった。

年季の入ったこの冊子には見慣れない歌詞と指示が書かれている。独特のテンポを持つこの地の盆踊りの歌は、現在は会場でＣＤ－Ｒにて再生されている。

ここにきて「覚えている人がいる間に継承しよう」という流れがあらためて地域で起こったということだ。

自信と島

「……それ故に、この世で自らを島とし、自らをたよりとして、他人をたよりとせず、法を島とし、法をよりどころとして、他のものをよりどころとせずにあれ……」（大パリニッバーナ経）

弱い立場の人を見つけて、攻撃すること。それで自分を保とうとしてしまうこと。陰湿ではなかったのが救いだけど、僕自身、学校にいたころ、どちらかと言えばいじめられる側の人間だったので、ちょっとその辺を感じるとビクッとしてしまう。

何かに勝ちたい。勝つ側にいたい。多数派の側にいたい。時には威勢のいいことを言ったりして。

そこには、本当のところ「自信がない」という、かよわい本音が見えてくるかのよう。そうやって自分の身をなんとか守ろうとしちゃう。それは僕自身にあるものだとも思う。

誰かが攻撃を受けると、次の暴力も生まれる。時に相手にではなく自分自身へ向く場合もある。

その「攻撃という名の防御」みたいな構造から、最近感じたこと。

攻撃しないでも、人にはもともと自信が備わっているだろうということを、乳幼児を見て思う。

でも、自信のありかを「自分自身の中」や「人間の中」だけで探すのは、人によっては大変なことで、本当はもっと広げた場所に、しかも身近にあるのでは、ということなんだけど――。

自信のなさについては、僕もわかる気がする。自信がなく、自分がないのが悩みだった。自分でもそう思ってきたし、人に言われるとますます自覚が深まってしまう。

小さなことだけど、今でも忘れられない場面がある。最後にいたバンドでは、わりとひんぱんにケンカになった。ケンカになったというか、なんというか、だけど。

その際、僕以外のメンバー、スタッフは同じ出身地だったために方言でやりとりしていて、「僕だけ標準語でしゃべっている」というシチュエーションがしょっちゅうあった。バンドの中で自分の感情をさらけ出す大事なシーンだ。

あるとき、僕も耳でなじんだその方言を使って一緒になって口論に参加したことがあった。

そのほうが伝わりそうだと肌で感じていたから。そうしたら、

「なんだそのしゃべりは?」

と言われてしまった。お前の言葉じゃないだろう、と。

だとすると僕はこのコミュニティの中で、どんな言葉を使えば正解だったのだろうか。

外国から来た人のことを思えば相当ちっぽけなことだと思うけど、このとき「自分は何者か?」と身の置き所のなさを感じた。音楽の創作は自分を掘り下げる作業でもあるので、ことさらに強く。逆に、無意識に覚えてしまっただろう方言を話せることだけで、どれだけよりどころになるのかとも思った。

「自分の言葉があるっていいなあ」

これは僕が子どものころ、地方に住む親戚に会うたびに感じていたことでもある。

今も、大阪育ちの妻がコテコテの関西弁になる瞬間があり、そんなときはたいてい「大阪時代の友だちからのメールが届いた直後」だったりする。メールの文字だけを見てアクセントが戻っちゃう。それは僕からみると「戻る場所」があるような気がして、これが正直うらやましい。

方言のことは、「土地」と深く関わっていることだと思う。その「土地」で生活してきた先祖

だったり見知らぬ人たちだったりが重ねてきた言葉が、知らず知らずに手渡されている状態。

最近、小学生の娘がスマホの音楽アプリで「ドラム」をタップしたときにこんなことを思った。

指一本で「ドーーーン」と迫力ある音が出てくる。それに合ったイメージの絵。バーチャルなのに、やけに生々しいドラムの音が出て、すごい時代になったなあと思ったと同時に、実際にドラムセットを叩くときに感じる「体の不自由さ」、思うように体が動かないさまや「音の大きさ」「汗をかく感じ」、それらはタップして出た音のプロセスとは、体験としては別物だよなあと。娘には、その違いがわかる機会を作りたい、とそのとき思った。そういえば、この文章をタイピングしている、僕も同じかも。

現実味がない、バーチャルな感じ。

そこから「危険」について考えが及んだ。僕たちが「危険」と思う内容が、バグって変化していることについてだ。

たとえば、土を触ることは危険？　素手で握ったおにぎりは？　体罰は？　言葉の暴力は？　山の中で農作業していると、世の中の危険の切実度の順番が、どうも変に感じてしまったのだ。

最近、国会で国有林を民間に大きく開放する法案が通った記事を見たのだけど、そこには「林業の成長産業化を掲げる」とあった一方で「山林が水源として機能している」ことについての見立ては、記事からは読み取ることはできなかった。このことを無視するのは、一歩間違えれば、危険ではないのかな？

島で体験した「水」のこと。「水」の有る無しで起こる危険は、とても身近だ。

本当は、さっき書いた「言葉」「土地」のことと同じように「自然」も人の自信の根拠になるんだと思う。なぜなら、自分の体の中にも自然があるから。

僕の胃腸に微生物が棲んでいる。試しに腸を取り出して、靴下みたいにひっくり返してみたら、それは植物の根っこと同じ状態とも言えそうだ。根っこには小さい根毛があって、そのまわりには微生物がいるという。腸には小さいひだひだがついていて、微生物がいるという。心臓も毎日勝手に動いている。爪も髪も毎日勝手に伸びている。坊主頭をバリカンで刈るとき、「草刈りしているみたい」と感じる。体全体が畑で、伸びてくる全部が雑草。

自分の意志に関係なく、体は自然そのものでできている。そういう自分の体を毎日生きている。

僕たちはときに「自信がない」のに、ついついその拠り所となるはずの身近な自然を自ら壊していく。「自分そのもの」を壊していけるようになった。で、自信がないから、自分自身を簡単に保つための選択をしてしまう。弱いものを探して、勝とうとする。攻撃する。そういう悪循環に思える。

いろんな自信の持ちようがあると思う。僕にとっては音楽がそうだったし、誰かにとってはの宗教だったり、学問だったり技術だったり、コミュニティだったり。なので「言葉」「土地」「自然」のことがすべてではないと思うけど、目の前にある人間そのものでないもの、それらを手掛かりにして、もうちょっと「普通に」生きられるんじゃないかと思った。手渡されてきたものを大事にしながら、意識しながら。

たとえば明治維新の前後で、言葉や世界観がガラッと変わった。キリスト教の文化から日曜日が休日となったり、欧米の言葉を日本語に翻訳して使うようになったり。で、第二次世界大戦があって。天皇が「人間」になって敵が味方になったり、僕からひいおじいちゃんおばあちゃんぐらいさかのぼっただけで、世界がころころ変わってきた。なので僕たちは自信を持つのが大変だとも思う。

だからこそ、農地をはじめ、次の世代に何かを手渡していくことだったりは、ただの商売じゃないスケールの話だと思うのだけど。

Right ー正しさ・右へならえー

ウイルスはウイルスの都合で、居心地のいい環境を求めて、普通に生きていくんだろう。人間もそうやって生きてきたんだと思うし。そう考えながら、もやもやが止まらない日々。

僕はちょっと自分の性質が「緊急事態敏感仕様」になっているんじゃないかと思い始めている。「危急の事態に発芽する」個体と言ってもいいだろうか。それが先天的なものなのか、後天的なものなのかはわからないけれども。

今から思えば、バンド時代は「毎日が緊急事態」だった。ルーティーンをこなすだけでは到底対応できないので、あるときには「ルールから外れる」こともオプションとして入れておかないといけなかった。

だから、僕はそういう事態に対応するクセがついてしまっているかもしれないのだ。

二〇一八年にあった事件――周防大島の橋への貨物船の衝突事故～断水と交通のストップ

――がきっかけとなって、この性質がまた発芽したみたいだ。

こと緊急事態にかぎらず、あるプロジェクトで「どういう状況になっているか」を把握して、関わっている人に知らせる作業は必ず発生するものだと思う。レコーディングやライブの制作など、ロックバンドの中でだって同じ。それがないと「今、どこにいて、どこに向かっているか」がわからず、プロジェクトのゴールにたどり着けないから。

その船の事故の際に、強く印象に残ったことがある。断水から一週間、二週間と経つ間に「ケガ人が出ている」という情報を友人の医療従事者から聞いたのだけど、その時点で一般にはほとんど知らされておらず、実際には軽傷者・重傷者を合わせてかなりの人数にのぼっていた。

「骨折した高齢者の中には、入院のために一生、家に帰れなくなった人がいる」という話もあり、一人の人生が変わったという点だけでも大きい事実だ。それを僕と友人とで広く伝えようとして、初めて「何が起こっているのか」、大変なことになっているという島の危機が伝わったという経緯があった。

この緊急事態という名のプロジェクトの目指す先は、「被害を少しでも出さない」こと。これだと思っていた。ところが、その目指す先が僕にも、きっと誰にもわからない。情報を出す主体が見当たらないからだと思った。

外国船がインフラを壊した事故に対して、民間の個人が動いて、民間の独立系メディア（ミシマ社や8bitNewsの堀潤さんなど）が動いて。それで正確な情報が出た経緯が、今なお胸に残っている。この話、相手が大きすぎて、はてなマークがたくさん出た。

たとえるなら――。野外ロックフェスの会場でトラブルが発生した。その場にいる「観客」が会場の外に向けてツイッターで書いたりして情報をアウトプットしている。「主催者」は沈黙している。そんな感じと言ったらいいだろうか。現実には、フェスの主催者は何かしらの進捗を発表すると思うし、リアルな現場ではきっとありえないことだと思う。「今、どういう状況？」というのがわかるようにするのは、僕みたいな者にもできるし、決して難しいふるまいではない。それはいったい誰がやるべきなのか。バンドマンにできて、公の機関にはできないものなのか。ここには「誰々のせい」と死ぬほど言いたくても言いきれない、構造的な理由があるように思えてくる。

ニューヨークから英語教師として島に赴任しているエイブくんと、最近ある講演に一緒に参加した。テーマは「欧米人の旅、宮本常一の旅」。講師はミシュランガイドの制作に携わっていた森田哲史さんで、日本型と欧米型の旅行の文化の違いをみていく内容。そこにはこんな観点があった。

日本の典型的な旅行は、「講」からきている巡礼スタイルで、欧米型は学びを通した個人の成長がテーマにある。日本型は、ガイドブック＝誰かのオススメに沿ってプランを決める傾向があり、欧米型は誰かがやった経験をフォローすることは重要ではない。

そんな話題の中、隣に座っていたエイブくんが突然小声で、旅行とは関係ないこんなことを伝えてくれた。

「もしかしたらThe ideas of "Right" and "Wrong" are too strict in Japan.」

日本では、正しいということに厳しすぎて、間違いを受け入れられないのでは、という指摘だった。むむむ。なんと。

どういう気づきなんだろうか。彼とはここ一年、日本で感じる「Uniformity」という言葉が話題にあがっている。訳せば「均一性」「画一性」と出てくるけど、「みんな一緒」というあり方とでも言えるだろうか。

Pencil case thing.

彼は、英語教師として島の小中学校のクラスで教え始めたとき「みんなが筆箱を持っている」ことに驚愕したそう。なぜなら、彼自身は『筆箱を持っていない』ことが普通の世界（ニューヨーク）に生きてきて、彼自身も持っていない。持っていても無くてもどちらでもいい世界だったのに、こちらでは誰一人として「持っていない、ということがない」。それに驚いたということだった。じつは僕も筆箱を持っていたので、そこで大笑いしたのだけど。「みんなが筆箱を持っている」こちらの世界で、「持っていない」という選択肢は、なかなかイメージしにくいし、どこか選択しづらいところがある。別の話で言えば「ランドセルを持っていかない」という想像がわかりやすいのかな（僕は持っていなくて全然かまわないと思うけど）。

僕はその「Uniformity」が、僕たちの社会の「安心」の気持ちとセットになっている気がしていた。

別のシチュエーションを考えてみる。「有名だから」「誰かがいいと言っていたから」という理由が決めのフレーズになる場面もいろんなところで見かける。誰かのオススメによって「ハズさない」。それも、安心を意味している気もする。その裏側にあるのはなんだろうか。それは、「間違う」ことへの怯えかな？　何かを間違ったときに、金銭的に、または社会的に「損をしたくない」という心情があるかもしれない。もしくは、間違ったときの「断罪」が待っている。だから、間違いに怯えるのかもしれない。

前述の森田哲史さんは、ミシュランガイドの仕事を通じて感じたことをこう解説していた。

欧米型の旅行においては「がちがちに決めることはつまらない」、そう思っている。行った先で自分が感じることに従って、その都度決めていく。つまり、そのときの自分に正直なふるまいをすることが楽しい。ある意味、行きあたりばったりだけど、と。言い替えれば、「リスク管理を自分自身がする」ことそのものが、旅行の喜びになっている。「間違うこと」も勘定に入っている、と言ったらいいか。彼らに日本型の旅行のような「絶対にハズさない」情報を先行して与えることは、逆に旅の喜びを奪っていることになってしまう。だから、ガイドブックのあり方が違うのです、と。

現実的には日本型にも欧米の旅行スタイルが入っているのでシンプルには言い切れないけれど、たしかに、旅のモチベーションは逆を向いているところがある。

ひと言で「正しさ」「間違い」といっても、中には取り返しのつくことも、つかないこともある。だからさらに精査が必要だけど――この「間違わないこと」が意味するのは――もし、ひとたび「間違い」「失敗」が目の前に現れたとしたら、僕たちの社会は「隠そうとする」ふるまいが同時に起こることも示している。

僕たちが生活している上での、無数の「選択」にも、この影響は表れていると思うのだけど、それは次のトピックにもつながってくる。

「予防」、未然に問題を防ぐ。「トラブル対応」、起こってしまった問題に対処して解決する。トラブルに対峙するという意味では同じでも、まったく違う系統の作業。当たり前かもしれないけれど、僕には前者が「普段通りの日常」にベースがあるのに対し、後者は「非常時」にモードが切り替わっているのだと思える。

これも、二〇一八年の船の事故のときに感じたこと。あのえんえんと続く断水の中、復旧工事などが始まってはいても、「水がない」状況下で起こる、目に見えにくい数々のトラブルを少しでも改善するような「スピード」がないように見えた。それはつまるところ、モードが「非常時」に切り替わらず「普段通りの日常」にあるからではないかと思えた。

旅行のことで、欧米型は「リスク管理」自体を楽しんでいると書いた。それは「非常時」モードである、とも言えそうだ。リスクを引き受けること自体を楽しむ旅で、何かあったときには、自ら主体的に対処する。一方で、日本型は「ハズさない」「間違えない」。こちらは安定した「日常」モードでいく傾向がありそう。非常時モードは動的で、日常モードは安定的。そんな感じ。

最近息子とよく行く「釣り」で想像してみる。

予防：仕掛けを工夫して用意しよう。絶対に釣り糸が絡まないような。

（絡まったら切って新しいのに替えよう）

トラブル対応：絡まったらほどこう。絡まってしまうことも勘定に入れといて。

（時間がかかってしまうけど）

ちょっと乱暴な整理かもしれないけど、そういう傾向はあるのでは。


話は飛んでしまうけれども。

ウイルスの件は主に人間との関係のことだけれど、そもそも現在、地球が温暖化し続けていると言われている。これは実際に肌感覚でもわかるようになった昨今で、もっと違うスケールの、人間と人間以外を問わず、すべてが関わってくる事態だ。

僕たちはこのことについて、「日常」の線の予防の段階にいるのか、それとも「非常時」の線のトラブル対応の段階にいるのか。地球そのものからすれば、「地球の体温が上がっている」だけのような気もするし、その熱によって人間は死滅するか、それともしたたかに生き延びるのか、「人間は地球にとってのウイルス的な存在」という想像も、できなくは、ない。

ただ、この事態は人間が巻き起こしたことでもあり、自業自得といっても人間以外にとってはただの狼藉《ろうぜき》。今、僕が住んでいる浜が、何年後かにすっぽり水没することがリアルに想像できたり、その間、暑い夏が訪れ台風は吹き荒れ、森林は燃え、生きられたはずの生物が消え、ということが間近に見えてくると――。子どもには責任を感じるし、その他のいろいろに対しても、これまでどおりありのままの欲望をむさぼっていくのは、さすがに恥ずかしくも思えてくる。

僕は温暖化のことに対して、すごく最近まで「日常」モードでいた。なんとなく予防の段階かなと。でも、これまで言われていることや実際に体感していることを踏まえると、きっと「非常時」モードに切り替わっていていい。

それはどういう生き方なのか。それを探りたい。

いずれにせよ僕が今ここでできることは、釣り糸を完璧に絡まないようにすることよりも、絡まった糸を根気よく時間をかけてほどいていくことではないか。そう思うようになった。

春の混沌 ―二〇二〇年四月・五月の記録―

「つりにいかないと、つかれがとれない」

「だからつりにいこうや」

誰の影響か、こういう言い方を覚えた四歳の息子の情熱に負けて、毎日のように釣りに行くはめになった。この春小学校六年生になった姉も、始業式から数日経って再び休校になったので、弟と同行したり、友だちと行ったり。二人とも魚をさばくのを練習するようになった。大島弁で言うところの「しごする」っていうやつ。娘はそのあとピアノの練習をした。魚臭い手で……。

三月はまるまる休校になったので、卒業生と、定年退職する先生が心の準備も整わないままに学校とお別れになってしまった。ある先生は、三月初旬から月末まで会うたびに泣いていた。

保護者の有志で「これではあまりにさびしすぎる」とサプライズムービーを作ろうとなり、僕が編集の担当になった。そのために、ローンでパソコンを買った。全校生徒三十数名の小規模の学校なこともあり、保護者の皆さんの協力がたくさんあって、かなり真剣に作った。

それが幸いして、今、そのパソコンを使って森田真生さんによるオンラインゼミなどを受講できるようになった。これが楽しい。子どもたちが家にいながら、自分も仕事をしながら、移動せずとも生の声が聴こえる。僕が学んでいる様子を、ちらちら子どもたちが覗きに来る。そういう姿も見られるし、終わったら庭に出ていって、草を抜いたり焚火もできる。今までとはまた違った豊かさを堪能している。


四月初旬、「周防大島を取材したくて」と山口県内のテレビ局の方から出演依頼の連絡があった。桜の見どころ案内人として、ということだった。この時点で周防大島は、コロナ禍においてなんともいえない時期に来ていた。

普段の島の経済は、島外からのお客さんが大きな支えの一つになっている。その一方で、この状況下では「よそ（島外）から人が来てほしくない（ウィルスを持ち込まないでほしい）」という複雑な心境。そして、この春、島外からは人がわりにたくさん来ていた。車の量が多く、県外ナンバーなどが目立つという話があちこちで聞かれた。

僕は島の「道の駅」の食堂にお米を納品する仕事をしているのだけど、その「在庫の減り具合」に実際戸惑っていた。納品の頻度がやけに高い。さすがにお客さんもあまり来ていないだろうと油断していたら「もう無くなるから早く持ってきて」と連絡が来たりして慌てた。

のちにこんな新聞記事が掲載された。

「山口県の島にコロナ疎開、島民困惑　キャンプ場客急増／道の駅に他県ナンバー」（「中国新聞」二〇二〇年四月二十一日）。

翻《ひるがえ》って、僕は悩んだ。四月初旬の桜の取材は、テレビに出るだけで暗に「島に来てください」というメッセージを出してしまう可能性もある。このタイミングでそれをやっていいんだろうか。島の友人たちやディレクターさんにどうするべきかアドバイスをもらって、「今はテレビの映像だけで楽しんで」という趣きで出ることにした（自信のなさで自分は声が小さかった気がする）。

そのロケ、車でドライブしながら楽しめる桜並木を案内したのだけど、それはもうすごくいい天気で、素敵な絵が撮れて。せっかくだから、その並木の由緒も調べようと、途中の集落で聞き込みをした。島を巡る移動販売車、これが集落ごとの買い物スポットに変わるのだけど、たまたまその場所に人が集まっていて、聞くことができた。

前もって調べていた話では「○○の記念で植えた」など、この並木について数種類の説があったのだけど、現地の聞き取りでわかった。どうもそのすべてが正解だったらしい。

つまり、何回かに分けて植えられていたのだった。あれはこうじゃった、いやちがう。丁々発止《ちょうちょうはっし》のやりとりが繰り広げられた。

「わしゃ、小学生のときに一人三本まで渡されて、植えよったぞ」

「んなことあるか！」

するとおもむろに近くにいたおばあちゃんが僕に話しかけてきた。

「あんたは何しよるね」

「僕はテレビ局の人間ではなくて、和佐の人間です。取材に同行しているだけです」

「わさね!?　わさっていったら、○○って知っちょる？」

「○○さんですか？　はい、よく知っています。畑をお借りしています」

「んんん？　あーー、あれかい。あんたかい。ああ、聞いたことあるよ」

「あ、はい、とてもお世話になっております」

「あんたね。顔を、よく覚えちょこう」

なんと、この方はお借りしている畑の持ち主のお母さまだった。この場所、自分の地域とはちょっと離れたところなのに、まさかここでそのお話になるとは。

じつは畑のことで僕は一度大変怒られたことがあった。管理が行き届かずだったから。驚愕すべきこの出会い方、いや、ほんとにお恥ずかしい。桜のレポートのことよりも、この出会いが気になって、ギュイーンと背筋が伸びた。

新聞記事によれば、このあとも観光客の流れはしばらく止まらなかったということになる。そして、その懸念は五月の連休に向いていた。八月のお盆に次ぐかき入れ時のゴールデンウィーク、その時期に大量の人が来ることに対して、人々の不安も増していた。従来はずっと「来てください」と招いてきたわけなので、このギャップはすごいことだ。観光客だけでなく、家族の誰かが帰省してくるかだけでも同じ。休校なので、学生で帰ってくる人もいるだろう。家族同士、親戚同士でも「帰ってくるな」のけん制合戦。うちでもあった。また釣り客がずっと減らないので、あちこちが立ち入り禁止になった。

そして、僕自身は煮え切らない態度と考えで過ごしていた。高齢者の割合や、病床数、感染者数などいろいろ情報をとっては考えて、なるべく地域で悲しい思いをしない判断をできればと願う一方で、「人が移動する」のを禁じるという権利は、自分にはないなあ、とか。どうしたらいいんだろう。その間で、都度都度考えるしかない。

つい最近（五月中旬時点）、東京の友人とやりとりしたときに、島との状況の違いを、初めてと言っていいほど認識した。

「感染者がついに出た」みたいな噂は島内でたまに出回っているので、一応、数字上の話ではあるのだけど、今のところ島内では「感染者ゼロ」という状況。ゼロと一の印象の違いは大きくて、誰もが最初の一にはなりたくないし、もし感染してしまったら、と皆、戦々恐々としていた。東京の友人たちには、身近に感染者が出ているのでもう誰が感染していてもおかしくないと聞いた。島では「感染者が入ってきてほしくない」という、異なる状況におかれていた。


一年半前の周防大島の橋の事故を経て共通項が垣間見えた。「公金の扱いには慎重にならざるをえない」という発想は、コロナ禍でも続いている。クーポンでＧｏＴｏまで同じだ。なぜ、そうなってしまうのだろう。そしてまわりの人たちと話して見えた一つの道すじは「国や行政に頼らない」で「自分たちの身は、自分たちで守る」という方向だった。

今もそう思うと同時に、今回のことは世界中でも起こっていることだ。国ごと、県や市町村、はたまた集落の自治会単位で、それぞれかなり対応の違いも出ている。それらは何によって違うのか。人なのか。お国柄なのか。中には頼れない自治体、頼れる自治体、いろいろ出現している様子だ。

周防大島にも遊びに来てくれたドイツのセバスチャンくん。彼は以前、僕が下北沢の八幡神社の境内で、泣きべそをかきながら「生音でエレキギター」の練習をしていたときに、通りすがりで声をかけてくれてからの付き合い。十年来の友人だが、先日故郷のニュルンベルクから「元気?」とメールをくれた。僕はコロナ禍の状況で「ドイツの首相はアーティストへのメッセージすごいね」と返事をしたら、「そう、メルケルは世界にいいメッセージ」と返信が来た。住んでいるところには被害がないようで、安心の様子。どこか誇らしい感じもうかがえて、この違いに「あああ」となった。

時を同じくして、今度は島の友人エイブくんからは「四日、熱が下がらない」とメール。彼はアメリカ人。じつは、そのころ僕の息子も熱を出しており、一緒にいた時期が重なっていたので、もしや? となった。

彼はお母さんが医師であり、また毎日アメリカの情報を入手していて、危機感のなかった時期からとても切迫している現況まで、つぶさに知っていた。高齢者が多い島だけに、もしものことがあってはいけないからPCR検査を受けたい、と。僕は町のホームページの案内を見て、管轄の保健所に電話をかけた。

電話でわかったのは、この手順。

「最寄りの医師の診断を受け」「罹患《りかん》の疑いが濃厚と判断された場合」「保健所に連絡がい

く」。なので、まずは最寄りの医師に電話し、診断を受けてください、と。つけ加えて「今のところまわりの地域でも感染者が出ていないので」、とも。

保健所の方の丁寧な応対に助かったけど、友人は状況がひどくなったアメリカの情報を知っている。ウイルスの特性上、二週間後に起こることに備えないといけない。日本は政治判断がひどいという英語の記事も出回っている。ここに「いろいろ信用できない」という彼のいら立ちを感じた。たしかにそう。だって今、防がなかったらアメリカみたいになってしまうかもしれないし、かといって僕たちにとっても今どういう状況にいるのかがわかりにくいのだから。

本来ここにあってほしいものがなくて、それがしんどいのかも、と思った。ないのは「内容のあるメッセージ」「誠実な情報」。今後の見通しや、この地域での現状の説明。これが欠けている。だから、危機意識がそれぞれでずれる。

それらがないことで、たとえば「休校する？　しない？」ということを一人ひとりが憶測で想像するしかなかったり、「店を閉めるべきか開けても大丈夫か」「仕事へ行っていいか悪いか」、住民同士で「どうなんだろう？」と探り合いになってしまって。「店を閉めるべき」と周囲の人に言われ、本当に閉める事態も。

これらの行動の度合いなどが、一人ひとりに関係してくる。どの行動が良いのか悪いのかは、どの時点で見るかで変わり、判断ができない。けれども、人の心のこすれ合いが起こるので、心身はとても疲れる。それがひいては、今後の被害の大小に直結する可能性がある。そう思った。

そこを円滑にする仕事がもともとあるのでは。

国や県や町が強制力を行使しないのは、それはそれでよかったことかもしれない。それと並行して、いろんな現場で「私に権限がないので、上の判断待ちです」というループが立ちはだかる。上はどこ？　行き先がない。

本当は各所で、

「今、私はここを持ち場としていて、こう考えています」

という言葉があればいいのにと僕は思う。ゼロ歳から百歳超までの住民、親子五世代。みんな初めての経験なのだから「正解を出すしばり」に極端に怯えることもないのにと思う。

加えて、情報は「開示されている」だけでなく、本当は「人に届く」ことが重要だ。ただ「ある」だけでなく「受け取られて」こそのメッセージや情報。そこも忘れられがちに思える。

僕はこの文章を、事情があってアルバイト先で書いている。島外のある施設で一人宿直をしながら。この仕事はさて、不要不急かそうではないのか。「仕事をする」とはいったいどういうことなのか。

ちょっと前、自分が「咳が出る」と気づいた途端、悩みまくった。熱はない。ただこの仕事に行くべきかどうか。「咳が出る」と言うべきか、言わないべきか。

畑仕事に関しては、やることはだいたい変わらないので、毎年と同じことが始まっていて、自分もまわりの友人も、どっしり構えている。

それでも、たとえば「農業」を考えるとき、ゴールデンウィークなどのかき入れ時に「道の駅の休館」などが起こると、売る場所がなくなって手元に残ってしまう。休校すれば、給食の行き先がなくなる。社会的にコロナ禍で都市部で人が疲れていけば、これから田舎の品々も売れなくなるかもしれない。どれも関わり合っている。

他方、このコロナ対応のドタバタの春の期間にも、何人かから「畑があるんだけど使いませんか?」と連絡があり、農機具や土木道具を譲り受けた。これはウイルスに関係なく、以前からあったことがそのまま続いている感じだ。

「仕事をするってなんだろう」「学校って」「病気と不安」。たどっていけば「生きるって何」という問いへ行きつく。そこは自ずと、いろいろな判断をするときの足場になると思うのだけど。

でも今、そんな余裕もない。どうしたらいいんだろう。

僕が住んでいる、周防大島町・和佐集落は、作詞家、星野哲郎（「三百六十五歩のマーチ」「男はつらいよ」など）の出身地である。

もともと船乗りになりたかった哲郎さん。僕たちのおばあちゃんもよく話をしてくれたけど、「そりゃあええ人じゃった。偉ぶらない。『星野さん』って呼んだら『前と同じようにてっちゃんて呼んでよ』って」

船の学校を経て念願の船乗りになり、漁船で洋上へ出たのもつかの間、腎臓結核を患い、この地に帰郷して、四年間療養した。最近近所の人に聞いてわかったのだけど、僕が今住んでいる元・保育園で、当時宿直の仕事をしながら療養していたのだそう。哲郎さんのお母さんが園長先生だったのだ。

その間に、近所の子どものために塾をしながら作詞を学び始めて、その子どもの一人が詞の募集を教えて投稿したら、採用されたのがデビューのきっかけなんだそうだ（佐藤健『演歌 艶歌 援歌 わたしの生き方 星野哲郎』）。

同じく周防大島下田出身の民俗学者、宮本常一の家は、祖父の代で感染症の罹患により集落で没落。のちに、父が養蚕の技術を学び、郷里に広め貢献したとのこと。

宮本自身も、幼いころから病弱で、二十三歳のときに小学校教師を務めながら結核にかかり、その後二年間、周防大島で療養している際に郷里の昔話を集めて雑誌に送ったところ、柳田國男から返事がきたのが民俗学への一歩となったそう（佐野眞一『宮本常一と渋沢敬三 旅する巨人』）。

今、学校が休みになった子どもたちが毎日家にいて、仕事の手もかなりの頻度で止まる日々。それを尻目に謎の生き物を持って帰ってきて飼い始めたり。魚を三枚におろすのも、焚火して飯盒炊爨《はんごうすいさん》も、僕は子どもと同時に覚えている。リモート講座、配信ライブ、オンライン飲み会。これまで物理的に会えなかった人とも会えて、中には初めて「会う」ことも。

今は、誰かの転機になるかもしれない、僕たちの療養生活とも言えそうだ。だとしたら――。

6 LIFE BALL

波

二〇一九年四月十一日に、ある声明文がネット上にアップされた。ロックバンドGEZANのボーカル、マヒトゥ・ザ・ピーポーによるもの。彼らは自らの手でインディペンデント音楽レーベル・十三月《じゅうさんがつ》を運営しているのだけど、それと同時に毎年「全感覚祭」というフェスを作り上げている。それにまつわる、ある挑戦的な声明。

一見、周防大島の暮らしと関係ないように思えるのだけど、このあと偶然か必然か、同期していく。

この声明文の内容は読めばよくわかるのだけど、要約するとこういう内容。これまで毎年開催してきたこの音楽フェスは「入場料＝フリー（投げ銭）」という形でやってきたが、今年はそれを食事にも広げて行う、つまり「フードもフリー（投げ銭）」という場をつくるということ。

この宣言に動揺した。音楽と農業に関係している僕に向かって投げかけられているように思えてしょうがなくて、焦った。同時に、見たことのないこの場にいてみたい、とも強く思った。

僕自身の農業の実際は年々変化していて、役に立つ作物を充分な量、提供できるかも怪しい。今年は雨が少なすぎて米作りをあきらめた。

「全感覚祭用になんか植えるか〜」

と想像するもちょっとずつ日が過ぎ始め……。

そうしたある日、周防大島内でお米を育てている農家のOrganic Farm村善こと村上善紀さんのところに行った。僕が彼のお米の島内配達を担当していて、その米の引き取りのために四十分車を走らせていく。着いた先の米の倉庫で、この日は村上氏、オモムロにスマホを取り出し画面を見せてくれた。そしてこうひと言。

「全感覚祭、メールしたら返事が来たよ」

し、知らんかった！　んで早っ。話を聞いてみると、どうもその声明文を僕がFacebookでシェアしたのが流れてきて読んだらピンときて、すぐメールしたらしい。ちなみに彼とは音楽の話はしたことがなかった。つまり、音楽とは関係なく「食」に関するメッセージに共鳴したようで、それが僕にとってもピンときた。音楽フェスなのに音楽と関係ない、なんかこれまでと違う流れが起きているかも。

村上さんはこの時点ですでに提供を決めていて、あとはどれぐらいの量が必要かを訊いている段階だった。早いなあ〜。

時を待たずに、今度は別サイドから応答があった。

「今度岡山でライブがあるので、その足で周防大島に行きたいと思うんですが」

友人づたいに掛かってきた電話の丁寧な口調の主は、カルロス尾崎。主催の一人、GEZANのベーシストだ。「岡山のついでで周防大島に寄る」というのは距離的には全然ついでではない感覚なので、「バンドマンらしいな〜」と笑ってしまった。だけど、それだけ真剣さも伝わってきた。お米を提供してくれる人と土地を、実際に見に来たいという。

やがて本当に島に来て、滞在する中であったこんなひと言。

「やっぱり、来て会わなあかんって思ったんです」

明石生まれのカルロスは人懐っこい関西弁でこう告げる。彼はこのあと、山形をはじめ各地の提供者だったり、協力を申し出た方のところに足を運ぶということを淡々と続けていった。彼はベーシストで、かつ、バンドのマネージャーをしている。

そういえば以前、森田真生さんのライブを周防大島で開きたいと思ってお声がけをしたとき、森田さんからはじめにこういうメッセージをもらったのを思い出した。

「会をやる前に、周防大島と呼吸が合うかどうか実際に行って、見てみたいです」

どこかなじみのある感覚に思えた。

その後、全感覚祭主催の十三月のメンバーでTHE GUAYSのギターボーカルのキャプテンも、出演バンドの一つKillerpassのはやしっくが連れて島にやってきてくれた。はやしっくは数カ月前にコロコロアニキと一緒に来たばかり。キャプテンは、今回のフェスにおける行政との渉外を担当しているとのこと。関係ないけどバンドマン、みんな名前がヘン。僕もか。

これらの流れのなかでふと、僕から今度は島内のある人に声がけをしてみた。その人とは、二〇一八年の島の断水時にお世話になった村上雅昭さん。こちらの村上さんは地元の日本料理店「クレスト・オブ・ザ・ウエイヴ立岩」のシェフであり、つい先日、周防大島の塩づくりを四十数年ぶりに復活させたばかりの人だ。二年かけて準備してやっとできた塩「龍神乃《りゅうじんの》鹽《しお》」のことで思うところがあり、会ったときにこのフードフリーのことを話してみた。すると、

「世のため、人のためになるんだったらいいよ。協力する」

作れる量がかぎられているから申し訳ないけど二、三キロでいい？　と言われ、できたばかりの貴重な塩なだけに、そんなに！　と声をかけた僕自身が驚いた。

このあと僕が東京に出向いた折、村上さんとタイミングを合わせて落ち合うことに。声明文を書いたマヒトさんと会うために。まあなんと言うか、この挑戦がなかったらもしかしたら会っていなかった二人だろう、と思いじーんとしてくる。

「音楽は理解できないが気に入った」「惚れた」という言葉とともに、提供二キロのはずがいつの間にか一〇キロに増えていた。ちなみに塩づくりを担当している職人の松田昌樹さんは、かつて渋谷の楽器店で働いていたと聞いた。

この一連の動きをなんと言ったらいいだろう。じつはここまでお金の話は一切出ていない。もちろん、主催、生産者、どの方向からも苦笑い込みで「収支はまずい」「経営はきつい」とあったけど、それらを超えて実際に行動させる何かが、たしかにそこにあった。

九月下旬、その本番の一日、全感覚祭の大阪編に参加してきた。十月十二日に行われる東京会場の日と二回に分けて開催されるのだ。

僕はこの毎年作られてきたお祭りに参加すること自体が初めてだったのだけど、一・八トンの米と一〇キロの塩と僕のささやかな量の梅ジュースを、三トントラックに汗をかきながら積んで、米の村上さんと真夜中に出発。ゆらりゆらり七時間くらいかけて高速を東に、朝焼けを爆走。

「これでおれの夏が終わる」としみじみ語っていた米の村上さん。なぜこんなにも提供することにしたのかをあらためて訊くと、

「これが最後のチャンスだと思ったから」

「これを逃したらもう次はないと思った」

「米がまずクリアできれば、十三月もほかの食材に力が注げると思った」

このお祭りの話を聞いた時点で、全会場分を賄うくらいの量を届ける覚悟をしていたと言っていた。

準備中の会場に到着し、その最初から撤収までを見て感じたことは、事前の想像を超えていた。


一般的にお祭りは準備から何から、本番当日だけでなくて、ずいぶん前にすでに始まっているもの。僕は周防大島で「島のむらマルシェ」の立ち上げに関わって試行錯誤が続いたので、「それまで何もなかったところに、人が集まる」のはどういうことかをすごく考えさせられてきた。加えて伝統のお祭り、たとえば仏教の法要とか、地域の神社のお祭りも日々島では身近にたくさんあり、それらに共通している点と違う点とが、リアルに感じられる。

十三月
STAFF

①神社仏閣のお祭り
②農産物のお祭り（市／マーケット／マルシェ）
③音楽フェス

ちょっと雑かもしれないけど、自分の体験をもとに考えてみた。

この中で、農産物のお祭りについては二方向、頻度が少ないタイプ（年一など）と、ある周期で行われるタイプ（月一、週一など）がある。世に言う「スーパーマーケット」は超・市というだけあって毎日やってるぞ、というマーケット。そうなのか？

それはさておき、周防大島では、年一回と、月二回という頻度の違う二つのマルシェを順番に立ち上げて、現在両方とも開催中（二〇二〇年は休止）。どうしてだか、その二つには人の流れに違いが出ることを感じた。

理由はたぶん「何を楽しみにしているか」にありそうだ、と思った。いわゆる「ハレ」と「ケ」にも関係するかもだけど、食のマーケットの場合は開催周期がレアになればなるほどに、食品を買いに行く目的よりも「遊びに行く」ということだけで目的になる。逆に頻度が増えるほどに、食料を買いに行くという目的が濃くなっていくので、そのために必要な出店者や食材の内容が浮かび上がってくる。なるべく必需品が揃っているほうがよさそうだ。

では寺社仏閣の場合はどうだろう。仏教行事は「記念日」というパターンが案外多い気がする。祖師の誕生日や入滅された日、各仏尊の縁日など。神社の場合は、それらと同じだったり「作物の周期」にも由来している。とくに「田植え」「収穫」といった稲の栽培暦に準じている。

ちなみに宮本常一によれば、周防大島には江戸時代から「②農産物の市」を立てる商人集団がおり、彼らは「①神社仏閣のお祭り」の門前で市を開き巡回していくという慣習が続いていたそう。その商人集団はパワーを持つようになっていて、時には①の行事の日程まで動かしたり、お寺を建て直させたりということまでできたとか（「山口縣久賀町誌」宮本常一編）。それだけ人を集める力があったのだろう。

集まる人もまた、宗教儀礼にも、何か買って帰る市の楽しみにも、どちらにも目的があっただろうと想像する。後者のほうがきっと分量が多いかな？

この「①神社仏閣のお祭り」の特徴は、「変わらないこと」じゃないか、と思った。今年もこうやってお祭りに参加できた、楽しかった、ありがたい。また来年も同じように。健康で。そういう気持ちになれることが喜びで、「新しい」ことはとくに必要ではない。

どうしてそう思ったかと言うと、逆に現代の音楽フェスはそれだけではなさそうだからだ。

芸術一般にも言えると思うのだけど、「なんて表現だ」という新しい驚きがそこにあって、それを楽しみにして足を運ぶところがある。出演しているアーティストのパフォーマンス一つひとつでも試されるし、主催者はそのフェスにおける出演者の組み合わせなどで、それを表現する。今回話題にしている全感覚祭は、場の成立のさせ方そのものが新しい。音楽フェスはそういう性質のお祭りなんだなと思えたのだ。

これらの違いとともに、どれにも共通していることがある。

それは「準備」と「後始末」。

準備に向かうとき、多くのことを想定しなければならない。足を運ぶ動線はどうか、まわりに草木が茂っていないか。会場まわりをきれいにする。雨が降ったらどうするか。けが人が出たら。食事、トイレ、水、電気はどうか。準備するときに、リスクも想定して、全方向で整えていくことになる。島のむらマルシェでも、全感覚祭の会場でも、近所の神社のお祭りでも、基本同じことが必要になる。

後始末についても、次にどう気持ちよくつなげられるかがカギ。キレイに片付けをし、ゴミを処理し、万が一対応すべきトラブルがあったら、それに取り組む。打ち上げがあり、直《なお》会《らい》、お斎《とき》があったりして、次回につなげていく。

ここまでお金の収支の話は出てこない。これらのことをうまくいかすために、ようやくお金の計算が入ってくる。

考える順番は、収支をうまくいかすために計画を立てる、というのでは、ない。

今回の全感覚祭。まさに大阪会場が終わった直後に、じつは大きなトラブルに見舞われた（食中毒：「主催者とは関係なかった」と行政から公式発表済み）。「主催者」「参加者」双方から見事な対応が出ていて、それは今日珍しく思える光景で、かなり考えさせられた。

まさにそのころ、関東の千葉では、台風の被害と政府の対応についてのナゾが繰り広げられており、周防大島での断水の対応ととても似ていると感じていたところで、対比がすごかった。

音楽の現場と政治はくっついていていいと思うのだけど、音楽にあまり意味を持たせたくない気持ちもある。音楽だから、イデオロギーでないよさをそのままにしておきたい気持ち。けれども、ここにはっきりした現象があった。たとえばなぜ、政府のような組織にできなくて、この現場ではできてしまっていることがあるのか。想定できるだけのリスクを考えて、何か起こったら誠心誠意、全力で対処する。ちゃんと言葉にして伝える。当たり前に起こっていたこの日のコミュニケーションと、そうでない場所との間に隔たりが、めちゃめちゃある。

一つには、「お金」の場所が違うんじゃないかと思えた。

どの現場でもお金は介在するのだけど、最初にそれが来るわけではない。順番として、その現場を成り立たせるために必要なものを考えていくうちに、どうしても出てくるのがお金。そういう優先順位になっているのだと思った。

翻って、身のまわりの社会はどうだろう？　お金の計算上うまくいくかどうかが最初に判断されることばかりではないだろうか。僕が経験したことは、新規就農しようとしたら「収支」や「事業計画」の査定、文化や教育のイベントをおこなおうとしたら「収支」や「事業計画」の査定。実際しっくりこなくて、どちらも結局使えなかった。

それの大きいサイズ版が、いわゆる経済政策とかそういうことになるのだろうか。

今回の全感覚祭の現場では、世間一般のお金の流れが「投げ銭」で一回解体されていて、参加者にゆだねられている。実際、お金を持たずに手ぶらで行っても全然問題ない場所だった。だから、チケットもゲートもない。ご飯は勝手にふるまわれる。かといって「〇〇をすべき」「〇〇が正しい」といった言葉による啓蒙もない。これは新鮮で驚く光景だった。

そこに「なぜだかお金を払いたくなる」工夫があちこちにまぶされていた。しかもそれはお祭りが始まる前からスタートしていて、当日の現地のそこかしこでもあった（だから僕はすっかり気持ちよくお金を使ってしまった）。いったいこの工夫、どうやって考えているんだろう。チームワークを想像して感嘆した。

会場の中は、最初から最後まであたたかい雰囲気に包まれていた。トラブルがあっても、それぞれが自らの意志でこの日のことを表現し、収束していった。新しさと、どこかほんのり伝統的な風景が混ざっていた。

これらのことは、今もって言葉にするにはあまりに豊かな体験だった。言ってみれば、敬意のやりとりの場。そう感じた。


というところまでを書いたところ、一転、台風による東京での全感覚祭・中止の報せが十月十日に入ってきた。

前代未聞の台風。積み重ねてきた血の通った思いや準備。判断の重みを感じずにはおれない。

そして、いったんキャンセルになったあと、二日後に場所を渋谷に変え、ライブハウス七会場と連携し、急きょ形を変えて、ブッキングし直して開催にこぎつけた。短い時間でよくここまでできるなと、ただただ感動した。僕は米の村上さんとエイブくんとその場を目撃しに行ったけど、渋谷に行列ができていた。会場には「これは観ないといけないやつでしょ」と旧知の音楽仲間が各地から駆けつけていた。山形の米農家の佐藤優人さんとも、このとき出会って「はじめまして」のあいさつをした。彼も食材の提供者だった。周防大島と山形の米農家が出会ったのだ。渋谷のライブハウスのトイレで。

セッティング、アナウンス、どれもキャンセルから時間がないなかで、見事すぎると思った。

この取り組みはさらに続いた。二〇二〇年のコロナの状況のなか、「30時間ドラム」の配信と、東京・恵比寿のライブハウス屋上での「農園の開園」という、誰もやったことがない領域の営みに突入。名前は「全感覚菜」となり、種やオリジナルデザインのプランターの発送なども行う場になっていた。各地の人が影響を受け、楽しんでいる。

きっとこれからも、続いていくんだと思う。こんなにも生きている場だから。

ストレート田舎エッジ

二〇一九年七月下旬、祖母の一周忌が自宅であった。僕が移住してからもずっと元気で、島の暮らしについていろいろ教えてもらった人だ。その広島カープ愛は僕の娘に引き継がれ、今は二軍の試合を観に行って喜んでるくらい。本人もソフトボールのチームに入った。本当に不思議なことだ。近所のおばちゃんたちは、

「もう一年かぁ早いもんよのぉ」

と、話し相手がいなくて寂しいみたいで今でも話題にしている。うちの祖母、すごくおしゃべりだったようだ。

その一周忌の法事は、昔ながらの和風の間取りの家にある仏間で執りおこなった。隣の集落・小泊《こどまり》にある正覚寺から松原智人住職がいつも拝みに来てくれる。

「昔の家にはどこも仏間があって、そこが一番いい部屋に作られている」

「そこには当然仏壇がある」

「どこ行っても家が同じ作りでできているから、目をつぶってても仏間にたどり着く」

と冗談交じりに話してくれて、まったく違う育ちの僕は「なるほどなあ〜」と頷いてしまった。


八月のお盆直前の時期、僕はお坊さんとして法要に出た。今度は別のお寺、平生町の般若寺の福嶋弘昭住職がこんな法話をしていた。

「昔の家には縁側というのがあって、そこはあの世（家の外）とこの世（家の中）の境目の役割があった」

「縁側の隣に床の間と仏壇があって、『亡くなった人』と『お坊さん』は縁側から出入りしていた」

「だから盆提灯は縁側に飾っていた」

「縁側でのおしゃべりは、家の外でもあり、中でもあり便利だった。もしかしたら、誰でも彼でも上げないという意味もあったかもしれない」

むむむなるほど。そういえば……。

先述の正覚寺の松原さん、いつも法事のときに縁側の窓を開けてそこで雪駄《せった》を脱ぎ出入りしていた。今までなんとも思っていなかったけど、そういうことでしたか。玄関から上がることはないそうだ。般若寺さんは、こう続ける。

「昔は自宅で葬儀するときに、棺を三回くらいくるくる回してから出棺していた」

そうそう、これも実際に見たことがある。地域や宗派によってやったりやらなかったりするそうなんだけど、僕の住む和佐では今もたまに自宅葬儀があり、その光景を驚きの目で眺めていた。回す意味は「さまよって勘違いして戻ってこないように」、と聞いたことがある。

ちなみに、結婚するときのお嫁さんも、かつては「実家の縁側から出た」。これも地域によるみたいなのだけど、いずれにせよ家によって形作られている習慣と意味がありそうだ。

この日のあと、僕は兵庫県の播磨《はりま》地方、遠くは大阪までの範囲の家々をまわるお盆のお勤め、いわゆる「棚経《たなぎょう》」へ。上関町の遍照寺、福嶋弘祐住職に誘っていただいて行った。付近の景色は、住宅地から、田畑が広がる農村部までさまざま。合計一〇〇軒以上の「初めまして」の家に上がらせてもらったのだけど、その間、一軒家や集合住宅を合わせて、ついに一回も、縁側から上がるということがなかった。

「周防大島にはまだギリギリ残っているけど、兵庫ではもう無くなっている」

習慣が残っているところ、失われたところ。そのグラデーションを感じずにはおれなかった。

九月のある日、島の友人の三浦さんのところにドイツ人の若者グレッグくんが短期居候していたので、アメリカ人の友人エイブくんと一緒に三人で遊びに出かけた。神社に行ったり寺に行ったり、話をしながら歩いた。

ドイツ人のグレッグくんは、会っていきなり、最初の質問。

「日本人は宗教的にはどんな感じなんですか？」

と聞いてきた。クリスマスやって初詣に行って節分やってハロウィンやって、といろいろできるのはどうしてか、と素朴に思っていた様子だ。

たしかに僕も、家族が誰もクリスチャンでないのにキリスト教式で結婚式を挙げていた。僕たちの場合は、妻のお父さんの夢だったから、という理由だった。

グレッグくんの質問に、少し考えてからこう答えてみた。

「うーん、ＧＯＤの数が違うからでは……」

そこを手掛かりに話をしてみたんだけど、ちょっと理解するのに時間がかかった模様。その時間の長さに、文化の隔たりを少し感じた。たぶん、ＧＯＤという言葉ではないのかも。

また、僕らが会う前に、すでに三浦さんと彼とはこんな話をしていたそう。

「ドイツ国内では、東日本大震災のあと脱原発に舵を切る決断をしたみたいだけど、日本ではどうして話し合いができないんだろう」と。

ここから、僕たちは「議論すること」についての話題へ。そこで、彼らとは議論自体の成り立ちが違うことに気づかされた。つまり、「意見を持つ」「意見を伝える」ときのあり方が違っていたのだ。

どういうことか。

たとえばグレッグくんたちは、話し合いの場で違う意見を持ったとしたら、それをそのまま伝える。相手が違う意見だったとしても、意見として受け止める。意見の相違は意見の相違。そうして議論が進んでいくイメージ。

かたや、僕たちは「空気を読む」ことに重きがあるときがある。この「空気を読む」がなかなかグレッグくんには伝わりづらかった。

「エア……リーディング？　かな？」

なんかそれだと空気を読むとは違いそう。フィールなんとか？　翻訳しながら「おれたち、議論のときに『フィール』してるのか……」と笑ってしまった。

議論を「感じなきゃいけない」のって、なんなんだろう。

よくあるのが、「意見の相違」と「感情」がくっついてしまうこと。「あの人のあの言い方はない」「あの人は、ただ言いたいだけ」「気にくわん」etc。

アメリカ人のエイブくんも、国は違えどそのテーマについてはおおむねグレッグくんと同じような感覚のようだ。が、彼は現在周防大島で一年働いているので、だんだん、なんとなくわかってきたみたい。わかってきたけど、やっぱり「共感できる」わけでもなさそう。

僕は、ロックやパンク、ハードコアといった音楽が好きなので、おかしいことは素直におかしいと言いたい。し、でも、いわゆる日本的な文化の中でも育ったので、関わっているまわりの人がいやな気持ちになるのも好きじゃない。どちらの感じも体の中にある。というわけで、ベストは、「誰もがいやな気持ちにならないながら、よりマシな方向にシフトしていきたい」と思う。それが僕にとって自然な感じ。煮え切らない八方美人か。

ちょうど昨年の今ごろは、島に架かる橋に船がぶつかって大変なことになっていた。

あれから一年。島にぶつかった船はドイツの会社のものだったわけだけど、その事件のことはグレッグくん、「全然知らなかった」という。

もし逆に日本の船がドイツの橋にぶつかって同じことが起こっていたらどうする？　と訊いたところ、

「ドイツでは海が身近じゃないから……」

「だから魚を食べる習慣があまりないです」

と笑っていたけど、

「たぶん……勝つのはなかなか難しいと思うけど、何かしらアクションは起こすかもしれない」

とのこと。島の僕たち、大部分の人たちは、自然とそういう動きを作らない選択をしていた。

一応、町が呼び掛けて、希望者が「賠償請求」する（国際法が関係していてどうなるか未決着）という流れと、それとは別で、一〇〇名ほどの原告団で別の訴訟が起きたというニュースがあったけど、人口は一万六〇〇〇人あまり。僕の身のまわりではいずれもやっていない人が、ほとんど。


先述した、元理学療法士の末弘隆太さん。彼は高齢者がなるべく自宅で元気に暮らせるようにサポートするための仕組み「netto」を始めたわけだけど、彼がこんなことを教えてくれた。

「入院した高齢者がいたとして、都会の常識だとそのまま施設に入るような人でも、周防大島では自宅に帰れちゃうことが多いんです。とくに、チンさんが住んでる和佐がダントツですごい」

どうして、と訊くと、

「たぶん、井戸端会議が効いてます」

とのこと。普段高齢の方々が、家の外で常におしゃべりしていることで「誰がどこで何してるか」が把握されていて、何かあったときにすぐわかる。それがセーフティネットになっていて、断水のときにもそれが発揮されていたという。


たしかに、近所のおばちゃんたちは僕の動向をよく把握している。駐車場をチェックし、「車の有る無し」で居る居ないを判断している。

「今日は軽トラがある。じゃけえおるわ」

「あんたこの前、水色の車なかったけど、どこにおったん」


このアナログ・プライバシーのなさは、よくある田舎暮らしの負のイメージの側面が強い。田舎の閉鎖性とも関連することだけれども、一方で福祉的な役割も担っている事実がある。とくに緊急事態に意義を発揮していた。これの善し悪しはきっと、程度によるんだと思う。地域環境によってもケースバイケース。僕のところではまったくと言っていいほど気にならない。

アメリカ人のエイブくんも、断水を通して「コミュニティがすごくパワフルだと思った」と何度も言っていた。かたや、先述の関西でのお参りでは「すぐ隣に住んでいる人の名前を知らない」ということがあった。僕の出身地でもそう。なので、違いがより鮮明に感じた。

昔ながらの家では、建物のつくりとして縁側が設計されているけれども、それはあの世とこの世とセーフティネットだったりを、人に、訴えかける仕組みを備えていた。なかば自動的に。自動的にというのがミソで、これは普段意識にのぼらない。でも、意識にのぼらない場所で僕らに自然と備えさせていくものがある、ということになる。たとえば「議論する」という前提だったり、「正しいこと」「正しくないこと」の判断の基準、などなど。いろんなこと。建物のつくりをどんどん拡張していったら、地球全体、宇宙全体ということになる。そうやって僕たちの意識は環境によって日々つくられている。

それにしても、うちのおしゃべりおばあちゃん。セーフティネットだったんだなあ。

「あんたんとこのおばあちゃんは、拡声器じゃったけえねえ」

と近所のおばちゃん。なんか泣ける。

リッスントゥザミュージック

つい先日、親戚のおっちゃんとおばちゃん（ともに八十代）に「車に乗せて」と言われたので、運転手として出かけてきた。行き先は二〇キロくらい離れた警察署とスーパー。おっちゃんがついに運転免許を返納したからである。

「首が回らんけぇバックがようできんくなって」

「娘夫婦からも免許返しんさいとうるそーてから」

と理由は切実。不便になった？　と訊くと、

「おう不便よ」

さらに、

「もう一日が長いんよ。ほじゃが一週間はあっという間よ」

と謎に名言（が、じつはよくわからない）のつぶやき。とにかく、今まで運転してパッと動

けていた状況が変わった。時間の感覚も変わった。二人は道の駅へ、評判のよかった自家製梅干しの納品へももう行かない。「車が頼り」の地域で免許を返し、運転しなくなるのはどういうことか、高齢ながらもまだまだ元気、というのがまた際立たせる。

何か起きてしまう前に、という決断だった。まあ、たしかに近所にも毎週移動販売の車も来るし、半径一キロほどの集落の外に出る用事もまず、ないそうだし。

「これからは『うみ』と友だちになる」

近所にいる、四歳のうちの息子のことだ。彼と仲良くしていく、と。その「うみ」は最近こんなことを質問してくる。

「うみちゃんの、すきなたべものは、なんで?」

二人の会話が楽しみだ。どうあれ、仲良くやってほしい。

先ほどの暮らし支援サービス「netto」の末弘くんが、先日「福祉を語らナイト」というお話会を開いた。会場はイベントバーエデン周防大島、参加者も多く関心の高さを感じたこの日、参加者からこんな話があった。

「島にコミュニティバス的なものを走らせたほうがいいと思う」

福祉の現場の方が、以前から町などに働きかけていたそうだ。そこにいた数名は介護のべテランで、いずれ来る超高齢化地域で、何が必要になるかを考えていた。現在、島では各病院や施設のバスが走っている。民営のバスやタクシーもあるけど、本数はかなり少ない。電車もない地域で、より手軽な移動手段があれば、ということだろう。

ただ、予算の問題や各所の調整が必要で、検討中ながらも実用のメドはまだ立っていないみたい。加えて、みかんなどを栽培する地域としては、収穫したみかんをバスで運ぶわけにもいかないから、車はやっぱり便利。今も現役の運搬車「トップカー」とか「テーラー」と呼んだりする軽車両もあるにはあるけど。はて、どんな手立てが正解だろうか。

この日、同じく現場のこんな声もあった。

「ゴミの分別が高齢者にとっては大変。だから、分別しなくていい仕組みがほしい」

なるほどたしかに。体が思うように動かない高齢者にとっては切実だ。そうか、と納得しつつ、僕の頭にはふともう一つのことが浮かんできた。

タイムリーにも数日前、「島のゴミ焼却炉の見学会」に行っていた。友人の白鳥法子さんに誘われてノリでついていったのだけど、見学会自体、町では初めての試みなんだそうで興味津々。折しも現場で聞いたのは、こんなことだった。

「分別が大事です」

どういうことだ。

管理の方の話によれば、周防大島町全体で、一つのゴミの焼却炉を持っている。これは大きな市などと違って、小さめの焼却炉で、火力も小さい。

一般的に、炉の耐久性については「二十四時間、ずっと火が点いているほうが長持ちする」のだとか。周防大島は人口減少の流れにあって、処理場が作られた当時よりもゴミが増えることはなく、むしろ減少傾向である。つまり、ゴミの量がそこまでないので、「点けたり消したりする」方法をとっている。なんでもかんでも燃やせてしまう、大きい焼却炉と性能が違うので、もし分別せずにどんどんプラスチックなどを入れてしまうと、火力が上がりすぎて傷み、いずれは壊れてしまう。

だいたい、一般的にプラスチック自体、「プラ」とリサイクルマークが書いてはあるけど、その実、だいぶ焼却処分をしているのだ。知らなかったけど。

じゃあ、その施設は無くして島外の大きな処理場に集めては？　という話になっても、今度はゴミ収集のルートがずいぶんと遠路になり、仕組みを作り直したところで、ガソリンもより使うことになる。なので現状、管理者としては、

「今ある焼却炉を、メンテナンスしながら大切に使っていきましょう」

という提案だったのだ。そのための「分別が大事」ということ。

「高齢者は分別が大変」と「焼却炉は分別が大事」との間に架かる橋は、いったいあるのだ

ろうか。

福祉イベントの最中、僕は「ゴミが減ればいいんじゃないかなあ」と考え始めてしまい、高齢者問題からはボーッと離れてしまった。

そもそも地球全体の温暖化が言われ続け、シミュレーションの精度も上がり、そのペースは「思ってたよりもずっと悪かった」とわかってきた昨今。もうこうなると「燃やしていく」こと自体も怪しい。

そういえば、僕はこの間、畑のドラム缶でものを燃やしていた。するとそこに通りかかったエイブくんに、
Carbon OK?

炭素出してるけど大丈夫か？　と言われた。そのときハッとした。野焼きはわりとよく見る風景だけど、恥ずかしながら、僕はこのとき初めてその行為の意味を意識したのだ。

自分はまったくできていないのを承知の上で、今、次のことを考えている。

ゴミが少しでも減るには、ものを長く使う、もしくは土に還るものを使うのがよさそうだ。それは、畑で「朽ちて消えていかないもの」を見たときから思うようになった。テレビが捨ててあったこと、捨ててあった畳の中のテグスが朽ちることなく畑に残り、草刈り機にからまること、とか。こういうものが畑から出てくると、とても厄介なのだ。

だとしたら、何かを作って売る際も、「長く使えるものを売る」ほうがよさそうだ。そうなると、「消費」のサイクル自体がどんどん怪しく感じてくる。消費するスピードで企業が稼ぎ、経済が活性化する、というようなこととぶつかってしまう。

こうなると、今度は「消費者」という言葉が怪しくなってくる。僕は消費者。ショウヒシャ——。

「コンクリートの登場だと思いますよ」

役場の前でばったり会った宮本常一記念館の学芸員、高木泰伸さんが、立ち話で突然、鮮やかに放ってくれた（たしか全然違う文脈の話だったけど）。かつては木造の建物など、メンテナンスし、手直しして使ってきていた。ところが、だんだんと生活様式が変わり、経済も変わっていった、その転換点が、コンクリートの登場ではないかと。実際、僕も家のリフォームでうむむと思っていたところだった。

というのも、戦後間もなく建てられたその物件をリフォームするなかで、大工さんが修繕に力を入れた場所の一つが、コンクリートと木材の接地面だった。そこに水分が溜まり、結果的に木が腐っていた。昔ながらの「木」の部分と、新しい技術「コンクリート」の部分の落としどころがまだ嚙み合っていない時期に作られた、というのが黒木さんの解説でよくわかった。

　黒木さんは、昔の柱を活かして、いろんな箇所を見事な技術で手直ししてくれた。他の先輩大工さんが、僕に「ここすごいよ見てごらん」「たいした腕だ」と言うほどに。

　木の建物は直して使い続けることを想定している。たとえばお寺や神社などもそんな感じ。一方、コンクリートは「いったん壊して、新しくする」ほうに寄っている気がする。

　すごく便利で、僕も恩恵をたくさん受けてきた。だけど、それを拡張して「社会全部」がそれにならう必要は、たぶんもうない。壊して、捨てて、新しく手に入れる。そういう、僕自身もずいぶん享受してきた使い捨ての生活を、さすがにもうちょっと別のほうに展開するように考えたほうがいいんじゃないか、と。

　きっと、便利なことでも程度がある。程度を考えられないだろうか。たとえば、どうしても「必要」な便利さと「そうでもない必要」寄りの便利さ、とか。まあ難しいのが、程度は程度だけあってはっきりした物差しがない。けれど、それでも、身のまわりとやりとりしながら見つけていくことは可能ではないか。

　ちなみにゴミを焼却したあとの灰は、現在山口県ではセメントの原料になっているそうだ。セメントは、コンクリートの原料になる。

この間、娘が通う小学校の統合の話し合いがあった。

少子高齢化の地域で、保護者、児童、地域の方、先生たちのいろんな思いが錯綜《さくそう》するのは当然のこと。統合する・しないも本当にケースバイケース。

そこでも思うのは、「いろいろまたいで考えたいね」ということ。元あった場所には、無くなる。新しい場所には人が増える。関係性も変わる。学校は教育の面だけでなく、大人も子どもも、生活と地続きの話だ。

高齢化の話もゴミも学校も地球の話も、ひたすらまたいでいきたいものだ。時間をかける。コトコト煮込むのだ。

選挙

「知らなかった……」

こんなことになっていたのか。チラシの文面を考えていたときに、自分の無知に僕はのけぞった。ショック。

周防大島の町議選、町長選の投開票が二〇二〇年十月二十五日に四年ぶりに予定されていて、その準備中のこと。僕は島に移り住んで八年目を過ごしていて、移り住む前も、あとも、選挙について投票以外に直接関わったことはない。縁がなかった。

このたび、町議選で身近な人が何人も立候補することを決意して、これまで議員ではなかった新しい人たち——いわゆる「新人」が、しかも少なくない人数が出馬するという事態が起こった（町長選も同時におこなわれ、そちらは「新人」が一人立候補しただけで無投票での実質当選となった）。

今、ある立候補者の準備を手伝っている。以前から町の未来に関心を持っているのを知っていたし、今回唯一の女性候補でもあるから、とかいくつか理由がある。この文を書いている現時点で、まだ選挙投票日を迎えておらず、結果は出ていない。

冒頭での「ショック」は、「チラシに政策を書かないほうがいい」というアイデアのことだった。僕もショックだったのだけど、出馬の本人もかなりショックを受けて、何日も悩み揺れ動いていた。書きたい、けど書けない。どういうこと？

思うところがあって出馬したのだから、当然、政策を言いたいところだ。でも書くべきではない、という。政治・選挙を勉強したことがある友人のアドバイスである。僕の普段の取り組みに置き換えてみると、たとえばマルシェをやるにしても、ライブやイベントを作るにしても、「どういうことをやりたいのか」と思いを書くのが普通なのだから、面食らった。

でも、一緒に考えるうちにだんだん腑に落ちてきた。うむなるほど。いくつか理由があるのだけど、中心には「選挙の仕組み」。そこに原因があったようだ。

「立候補します」と公に言っていいのは、ルール上、立候補届けを出してから。つまり、告示日を迎えるまでは準備していても「立候補します」と言ってはいけないらしい。それまでは、挨拶まわりしても「こんにちは～」と何しにきたかよくわからない挨拶になりかねない。

ある意味、かなり不審だ（実際はもっと工夫するけど）。

この選挙に関して言えば、「告示日」から「投開票日」まで五日間しかなく、その間に初めて「立候補します」「議員になろうと思います」「一票をよろしくお願いします」と言えるようになる。これは全国共通のルールのようだ。

この「期間の短さ」。もうすでにあちこちでも言われているかと思うけど、これでは政策どころか名前も、僕たちの耳に入ってこない。入ってきても、その中身は実質「届かない」。そう思った。それの意味するところは「印象だけで勝負をする」。そういう選挙のあり方にいきつくんだな、と気づいた。とにかくイメージイメージイメージ。


チラシの件。たとえば、今までも議員を務めていた現職候補者なら、実績があるので「これまでやってきたこと」を堂々と書けて、イメージはまったく悪くない。でも、名の知られていない新人候補者が、いくら政策を書いても「それほんとにできるの？」とイメージが悪く映ることがあるという。それならばいっそ書かないほうがいい、という判断がここで浮上してくる。そのほうがこの選挙を戦うためには最善。そういう理屈だ。

そのとき思った。「政策を訴えない」「言いたいことを言わない」を突き詰めていくと、どんどん本人は空っぽになっていくしかないなと。ものすごく乱暴な言い方になってしまうけど、逆に言えば、中身が空っぽになれる人が選挙に強いとも言えそう。それは政治に関わる人が悪いのではなくて、現行の仕組みの中で、当選するということを考えたときの話。いかに中身を空っぽにして、より多数の人がいい印象を抱くあれこれの匂いを嗅ぎつけて、口にして、表現するか。これが、今の選挙の制度で勝つことなのかも。そうなの？試しにその目で国政や首長選挙などを見てみたら、「うわあ」。なるほどー、いやーな納得をしてしまった。これじゃあ、マイノリティの意見を聞くわけが……。このとき不意に思った。今の仕組みの中の政治って、表現の世界の極北ではないかと。

そこと相性のいい表現の世界も、その目で見てみたら、おのずと見えてくるかのようだ。僕が思ったのは、度を過ぎた広告と、それに依存したもろもろだ。

思うところがあったから、選挙に出ようと思った人たち。候補者本人が「なんで書いちゃいけないの」と苦しむのもそりゃ当然、僕も苦しい気持ちになった。

都市部ではそれでも違うかもしれない。だけど、この地域は過疎高齢化しているという特徴があるので、そこを考慮しないといけない。

島の有権者（一三九九六人／二〇二〇年十月二十日現在）の大多数は、いわゆる高齢者。しかも元気な方たちがたくさんいる。昨日は、八十歳になってパパイヤの木を百本植えて栽培の挑戦を始めたプロ農家の人がいると聞いた。衰えない探求心、驚くべき体力。

選挙戦でネットを使ったりしても、現状では都市部のようには機能しないだろう。ネットの活用は意味ないことはまったくないながらも、当選には直接結びつかなそう、とスタッフ同士で話していた。SNSユーザーにはキャッチしてもらえても、普段使わない近くにいる有権者には届かない可能性が大。

令和になったけど、大正、昭和、平成みんないるのだ。「会って握手」「チラシ配り」そういう足で稼ぐような泥臭さが、人の胸を打っていく。今回はコロナの影響で握手ができないけど。

それらはライブハウスの前での「手配りのチラシ」にも似た、一見地味であり、かつたしかな営みだとも思えた。

選挙前にもじつはやることがたくさん。一人では到底準備できないので、後援会を編成して、チラシ、のぼり、政策、選挙カー、選挙期間のスタッフ采配……。候補者本人は、支援者と連絡をとり、島じゅうをチラシを持って挨拶まわり。ある場所に立って「おはようございます」と声をかける辻立ち、またいわゆる街頭演説など。以前の僕は「そういう行動、意味あるの?」と思っていた。傍観していた。

挨拶まわりに行けば、その先で会話が始まり、ともすれば時間も使う。「大島」というだけに一周約一六〇キロメートル。離島もあるので船でも足を運ぶ。移動だけでもなかなかだ。さっき書いたように、「辻立ち」も「挨拶まわり」も告示前は一票をお願いしますも言えず、立候補しますも言えず、辻立ち中ののぼりに、なんと「名前」を出すこともできないのだ。立候補するということを言えないからだ。

つまり、告示日までは「何やってるかわからない」状態である。

こんな会話もあった。

「後援会ってよく見るけど、活動していないでしょ」

「ただの名前だけなんじゃないの?」

僕は勉強不足だった。じつは後援会があることで、「看板を設置できる数」や「ハガキを送れる」など、ルール上、できることが増えるのだ。

告示から選挙期間に入ると、「立候補者の誰々です」「投票をお願いします」ということがようやく言える。そこでできるようになるのが「電話かけ」「ハガキの発送」。スマホ世代にはもうピンとこないであろう営みが、「どうだ」と言わんばかりに顔を近づけて迫ってくる。

いわゆる選挙ポスターは、もし告示日に貼っていなくて次の日とかになると「やる気がない」という「イメージ」がつくので、なるべく早くしっかり貼りきる。なので人員が必要だ。

あるいは候補者同士で事前に申し合わせて、まとめて貼るケースもある。

「全箇所その陣営だけで貼っていたら大変じゃろ」

そう言われたけど、そのやり方は、のちに知った。

ハガキの宛先を書く有権者の住所は、個人情報につきコピー不可、写メ不可。手書きで写し取ります。僕も数時間やって、右手が痛くなった。


候補者が、準備期間中ぽろっと漏らした。

「これ、コロナじゃなかったら立候補しなかったよ」

たしかに、普段仕事をしている世代全員に言えるのだけど、ヒマがないと到底できない期間設定と仕事量なのだ。今回は皮肉なことにコロナのことでいろいろがストップしていた。

また、ある支援者がぽろっと漏らした。

「関わってみて初めてわかったけど、手伝いたくても、とくに勤めに出てたらなんにもできないよね」

おのずと、準備も本番も、日中に活動できるのは定年退職した方たちや比較的時間の融通がきく自営業者となる。農家や漁師も入ってくる。ところが、

「よりによってなんで畑が忙しい時期にあるんだろう」

この時期、みかんの収穫や稲刈りの最盛期を迎えている。実際僕もかなり忙しい。自営業者の中でも一次産業従事者が多い島で、なんでこの期間設定なんだろう。でも、高齢の方たちの投票を考えると、たしかに冬や夏にやるのも、厳しいものがある。

また自営業者でも、商売している人は、近い人間関係の中で利害もぶつかってしまうし、印象もついて回ってしまうので、表立って「この人を支持しています」と言い切れない。

どこか何かがおかしい。民主主義とはなんだろう。どうしたらいいのだろう。

それでも、今回の島を取り巻く選挙は、やっぱりこれまでとはどこか風向きが違うように感じた。この島では二〇一八年の「断水」の件が引き金になって、思うところがある人が増えている、ということも表していると思う。今回応援した白鳥法子さんも、完全にその一人だ。

それだけではなく、たび重なる豪雨などでの災害。それから新型コロナによる過疎高齢化地域での影響。医療、観光業などいろんな場面で向き合わざるをえない。大きい島だけど、コミュニティが小さく、ディスタンスがあるけど、人肌は近い。コンビニの店員さんと「あ、中村さん」と雑談が花開いたり、郵便局でも雑談。宅配来ても雑談。それぐらいの近さ。

僕みたいな若い世代なのか中年世代なのか、よくわからない世代はいろいろトライしていいと思った。だってこれだけいろんなことが起きて、これからも起き続けるのだから。

途中で「ネットの活用は実質意味ない」みたいなことを書いたけど、告示後、ちゃっかりネットの活用を始めた。意外に反応があって、後援会のスタッフは驚きと喜びに包まれた。

これまでどおりにやる道理はない、これからを生きるんだから。と毎日チューニング中だ。

令和二年十月二十五日執行
周防大島町議会議員一般選挙ポスター掲示場
5
3
1
6
4
2
4
1
5
2
6
3

大橋くん

第三部 空白期、そして今

7 こむぎ

地に足をこすりつけて

二〇一一年三月十日夜。三十二歳の僕は東京・西麻布にあるレコーディングスタジオで、「新訳 銀河鉄道の夜」という楽曲を録音していた。

もう何年も取り組んでいたアルバムの制作は、どの曲も録音してはボツにしてアレンジし直すという作業を繰り返す毎日。もう何回やったかわからない。正解もわからない。記憶もところどころ飛んでいる。一曲一曲、何かを振り絞った末に完成する喜びと、もう作品は世に出ないと呆然とする日々。人間関係が極限状態。そんな中、この日は奇跡的に作業が進み、素晴らしい出来ばえのオケが完成。「明日は歌入れ!」とスタジオの隅にそっとギターを置いた。

十八歳、大学一年になってすぐ、ファンだったバンドのギター募集に電話したら、奇跡的に入れてもらった。それからいろいろバンドに入ったり組んだり、何度も何度も全国ツアーをまわったり録音したりしていた。バイトをしながらの活動で、ミュージシャンになりたいとか「これで食べていきたい」という希望はなく、ただただ漠然とした喜びだけがあった。あるときは好きな先輩バンドマンに「あいつはヘタ」とテレビで言われた事件もあってちょっとヘコんだ。でも、自分の中から湧き上がるものを抑えることはできない。それどころか、やる気はみなぎる一方で、とにかく何にも代えがたい時間を経験していたことは確かだった。

大学生活の後半にさしかかると、まわりがだんだんソワソワしてきた。それを見ていたら僕もソワソワしてきた。就職活動の時期だ。

僕はあまり何も考えず、まわりを見ながら何枚かエントリーシートを書いて送付した。どうせ働くなら好きなラジオ局で働いてみたい。どうやったらラジオがおもしろくなるか、僕なら知ってるわ。ラジオのエアチェッカーだった埼玉在住の母ゆずりの僕なのだ。誰にも負けん。どきどき、わくわく。何のためにその「活動」をしているのかハッキリとはわからないままに就職活動。熱を蓄えたまま、面接会場でぶちまけた。

「有線を、無線にしたいんです！」

結果、書類で落ち、面接でも、落ちた。わりと早い段階で「こりゃだめだ」と音《ね》をあげてしまった。大学の友人には「お前はそれでいいのか」と忠告された。僕も「それでいいのか」と思った。でもその後、僕の中からやる気が生じることは、ついになかった。

フロムエーで見つけたアルバイト募集に電話して、レコード会社の経理部にアルバイトで拾ってもらった。

「なんかおもしろそうだから」

面接でOKしてくれた先輩の後日談。ありがとう。働き始めた二十四歳の冬。そのころ、信条として音楽演奏を「仕事にしたくない」と思っていた僕は、「このバンドに入って生業にせよ」というバンドに誘われた。半年も悩んだ挙句、全生命をかけてバンドをする、そういう生活に入った。めくるめくロックの世界。むべなるかな、そこには「就職」「仕事」「家庭」「余暇」という区分がなかった。


やる気出るも出ないも、自分には制御できない。こんな人生の流れにも、今思えば、逆らえない。

二〇一二年夏。周防大島への移住を考え始めたとき、「仕事」が目下の心配事だった。島で、全生命をかけてバンドする。するのか？「そりゃないわ」と即座に自分で却下した。その選択には、どうしても必然を感じられなかったのだ。

そんなとき、妻がすでに移り住んだ島から、「畑やれば？」と進言してくれた。電話越しにさらりと。

なるほど。このとき、かつての「漠然とした喜び」に似た景色が、僕の中でうっすら見えたような気がする。

簡単でない、ということは承知しつつも、その予感を大切にしたい。すぐに具体的に検討を始めた。「畑をやる」、つまり農業を営み、軌道に乗せるには時間がかかるだろう。それは素人でもわかることだった。まずは別の仕事をしながら、兼業で農家をしていくという方向を検討しよう。

ネットを開くとまたも募集の字が目に飛び込んできた。周防大島の「JA」の中途採用のお知らせだ。年齢の条件もぎりぎりバッチリ、これは勉強しながらお金が稼げる。「僕のためにある募集だ」。間違いない、と心が躍った。

なりふり構っているヒマはない。三十四歳はふるえる手でまたもエントリーシートを書いた。たまたま大学での卒論のテーマを「音楽産業の成り立ちと流通」にした僕、大変偏った体験をもとにして書いたナゾのレポートだったけれど、その作業を通してわかったことに少し自信もあった。農業のことを調べれば調べるほど、似通った構造がある気がしてならない、そう思い始めてもいたのだ。

〈僕だったら、こうするかもな〜。JAはこうなったらいいんじゃないかな〜。みんなが幸

せになれるかも〜）

業界のことはわからない。でも、わからない人が伝えるフレッシュな視野は、それはそれで有用なんじゃないか。さあ、パリッとスーツを着込んでいざ面接。

あら、たくさんの面接官の方々。あららら。ちきしょう。三十四歳。ありったけのアイデアと経験を置いてくぜ。

「あなたは、ＪＡに入ったら、どんなことをしたいですか？」

「はい。私は、かくかくしかじか……」


不合格の通知を受け取ったのはその数日後だった。

娘と浜辺で遊びながら、頬に何か伝わった。あれは海の水だったかどうだったか——。

私は今、生きている。

転機

バンドメンバーの一員として、ギターのＯＫテイクがまったく出せない日が続いていた。

「お前は何かに取り憑《つ》かれている」

だからギターが弾けないんだ。そう言われた。

「そうなのか」

と思って泣きながらいろいろ行った。占い師、霊媒師、神社、パワースポット……。あちこち行った。心と音楽両方を知りたくて、プロテスタントの教会にも通った。熱心だったので、「そろそろ洗礼を受けませんか」とも言ってもらった。ギターが弾けない、つまり作品としてＯＫとなるギターが叩き出せないということは、即、自己否定に直結する。なんとかして回復しなければ気がもたない。何がいけないんだろう。練習？　心持ち？　それとも……霊のせい？

「お前なんか、いなくていい。代わりはいくらでもいる」

「お前がいなくなったらメンバーや家族、会社、関わっている人たち、お客さん、どうなると思っているんだ」

同時にシャワー。気が狂いそうだった。というか狂った。殴られるのが怖い。自信のないサウンドしか出ない。痛い。自信を持て。自分がない。殴り返すという選択肢はなぜだか思いつかなかった。

あるとき、バンド界隈の方に紹介してもらったお寺に行くことになった。

「私は、神仏のことはわかるけど、霊のこととかはわからんよ」

と言いつつ、こっちへおいで、と庫裏《くり》に通してくれてお茶を出して話を聞いてくれたり、瞑想の仕方を教えてくれた。実際、じっくり座って、呼吸を整えるということは、このときまで全然やったことがなかった。

とにかく、なんとかこの精神状態を脱したい。わらにもすがる思いであちこちに。機材代などがかさんで貧乏きわまりなかった時期に、大学病院にある心療内科にも電話して行った。紹介状がないので、さらにお金が必要だった。医師いわく、

「あなたの状態は、病気ではなく、仕事上の悩みです」

辞めないと改善されないと言われた。辞められないのが、悩みなのに。

いくつかそういう場所に行った中で、さっき書いたお寺が僕にとってはしっくり落ち着くことがわかってきた。東京から離れていた場所だったのもよかったのかもしれない。お寺の前後には、一人で裏山にも登り、帰りには温泉に行く。

お寺で瞑想をさせてもらったり、護摩《ごま》を焚いてもらったりしたあとで、いつか、住職が本を見せてくれたことがあった。その中に、仏教の系譜みたいなのが書いてあったのだが、そのとき不意に思い出した。

そういえば、僕の祖母は、お堂を守っていた人だったなあ。

僕の父の母であるその人は、広島県福山市の自宅のわきに、何人も入れるそれなりの大きさのお堂をこしらえ、お地蔵さんほか何体かの仏像を祀《まつ》り、拝んでいた。僕は生まれてから関東にずっといて年に一回帰省するかどうかだったので、何をしていたのか、何の役を担っていたのかはずっと知らなかった。僕が初めて人の死を見たのは、この祖母のお葬式。中学生のときだった。

お寺でその系譜の本を見たときを境に、ようやく合点がいった。どうも祖母は、修験道の山伏に、六十を過ぎてなった人だったっぽい。そして、なぜかお祀りすることになったお地蔵さんのいるお堂を、祖父と二人で仕事しながら守っていた。病気やケガで悩んでいる人なども、広島や九州からお参りに来ていたようだ。その祖母も、じつはギターを持っていた。

以前遺品の整理中に、やけにハイカラなエレキギター、いわゆるビザールギターが物置きから出てきてわかったのだ。じいちゃんのかと思ったら、「ばあちゃんが買ったものだ」と叔母が教えてくれた。

そんな事実も、このときの僕には状況を変える手助けにはならなかった。ギターを弾く、とにかくOKを出すことが、唯一の生きる道だった。この状況は、「終わらない」のがもう地獄だった。すべてにおいて、切れ目がなかった。最終的には、行くところも、できることも、言葉もなくなってしまった。

あるとき、明確な出来事をもって、もう無理だと悟った。そして、このバンドを離れることを決めた。バンドに入るにも迷って半年かかったけど、決意して話し合ってから、本当に辞めた状態になるには一年以上かかった。

この間に、「仏道」のことが、僕の気持ちの最前線に躍り出てきた。農業と同じタイミングだ。先ほどの祖母の系譜も、かなり強いプッシュで自分の心に訴えてきた。

「お坊さんに、なりたいです」

先ほどのお寺で、ついにはそう懇願してしまった。お坊さんになるといっても、お寺に生まれたわけではないので、なる手がかりがまったくわからなかった。

「お坊さんにならなくてもいいと思うよ」

いったんそう言われて引き返した。でも家に帰って、やっぱりなりたいという気持ちが抑えきれず、そのお寺と同じ宗派のお寺に片っ端から電話してしまった。

「すみません、初めまして。ええーーっと、な、中村と申しまして……」

ものすごく、とりわけ怪しい人に思われてしまった。いきなり電話してなれるわけではない、ということを電話越しにあちこちのお寺が教えてくれた。

もう一回、もとのお寺に足を運び「やっぱりどうしても」とお伝えした。

「だったら、ここに電話してみたら？」と四国を指さしてくれた。それが、香川県の善通寺だった。

電話をして、その年に奇跡的に、出家得度、それから修行ができることになった。

修行を終えたのち、お勤めで手伝いしに行ったとき。受付してくれた教官である和尚さんがこう話してくれた。

「じつはの。電話してきたときびっくりしたぞ。普通本人が電話してこないから！　親であるお坊さんとか、誰かの紹介で来るんだから！」

と言って大笑い。そ、そうなの!?　知らなかった！

誰でも彼でもなれるわけではないとのこと、たしかにそうだなあとも思った。あとでわかったのだが、僕が「お坊さんになりたい」と最初に相談したお寺の和尚さんが、保証人になってくれていた。山梨県・石和にある大蔵経寺の井上秀典住職である。

なぜなりたい気持ちが抑えられなかったのか。このお寺と住職。その存在に、この間本当に助けられたし、あこがれの気持ちをいだいた。僕にとって、本当の意味での「駆け込み寺」だったから、なのだ。

ハートに火をつけて、ほくろを消せ
―潜伏―

東京での大学時代、そして卒業後のフルタイムのバイト期、僕の手帳は用事でびっしり埋まっていた。仕事か？　就職活動か？

観に行くべきライブをチェックしたスケジュールだった。本当に行くかどうかにかかわらず、片っ端からメモしていて、それで一週間のほとんどが埋まっていた。もちろんそれは仕事ではない。不思議なもので、手帳に書いちゃうと本当にだいたい行くハメになっていた。そのためにバイトしていたところもあるし、自分が出演するライブがあったり、友人のバンドマンが招待してくれたりと、いろいろな形で現場にいた。いっとき五バンドを掛け持ちしていたので、ライブを観に行ったあとにスタジオでの練習にも入り、そのスタジオでもバイトをしていたりして、僕の音楽生活はドロドロに漬かっていた。

あまりに観すぎた。自分のバンドでツアーに出ても対バンを観る。海外旅行先でも観る。来日バンドのツアーの運転手をやったりもした。欧米のパンクバンドの出音は別格の迫力だ。とにかく観まくった。

パンク文献を読み、そして現場でも感じたのは、なんとも言えない優しさの存在だった。僕たち世代のちょっと上の、日本で言えばハイ・スタンダード周辺のバンドが、完全にソールドアウトしたライブハウスの外で必死に漏れ出ている音を聞いているお客さん、いわゆる「キッズ」をこっそり中に入れてくれる光景などをよく見聞きした。自分のバンドの場合はどうだったか。ケアできていたか。これは正直自信がない。

その文化はある部分で世界共通っぽくて、僕はアメリカでなぜかバンドのツアーバンに同乗させてもらったりもしたし、イギリスでも台湾でも当たり前のようで当たり前でないケア、優しさを浴びた。今思えばけっこう強烈な体験だった。

移住を決断した時期は、バンドを一切やらなくなる時期でもあり、今度はその前後数年間、音楽を聴けなくなってしまった。新しい音楽も、古い音楽も、生演奏も、CD、カセット、レコードも。本来癒しの力を持っているはずだろうに、まったく聴けない時期が続いた。

前述したように、移住を決めてから、生活を大きな声で正式にアナウンスしていい日まで一年以上の空白の時期があった。空白と言っても、息をして生活しており、その間にたくさんのことが起こった。

移住直前の時期、お金を稼がないといけないので、埼玉にある「東京ばな奈」の工場で深夜まで短期バイトをしていた。工場のラインに入り検品をする係だ。大きな工場なので、全身を白い制服で覆い、目だけが出ている状態。だから、潜伏の時期にも誰にも特定されない。ふーーーよかった。

あるとき、ラインでその工場の僕より若い先輩と少しおしゃべりしていたら、音楽の話で意気投合した。好きなバンドの名前を言い合っていたら、「あれ？　もしかして」とばれてしまった。目と声色で合致してしまった。しまった。

同じ時期、ベビーの雑誌・tocotocoの編集の方が「育児について連載しませんか？」と声をかけてくれた。今しかできない、子どもとの記録の機会は何よりありがたい。ただ、潜伏の時期である。「今、誰かと特定されるのは避けたくて」と、あきらかに矛盾したお願いを同時にしてしまった。そして移住してすぐに最初の原稿を書き上げた。すると、プロフィール写真が問題になった。僕の顔には特徴的な「大きなほくろ」があったのだ。特定できてしまう。

「ほんとうにすみません。原稿はOKです。ほくろだけ消してください」

文章を直さず顔の修正。子どもが主役の雑誌で、何モデル気取りか。自分でいやになった。恐縮しながらお伝えすると、記事の隅に載っているだけの顔写真のほくろを見事に消して、記事にしてくれた。奇妙な、本当に申し訳ない気持ちだった。


周防大島に来てすぐに友だちになった人たちが田植え体験に誘ってくれた。ここで出会った人たちが、今でも友だちであり、日々助けられている。この日の最後に、記念で集合写真を撮った。過疎の島の田植えの素敵な光景だ。

その写真が、直後に周防大島町の議会広報の表紙を飾った。若者たちが賑やかに集って田植えをしているひとコマ。たしかに希望に満ちた、晴れやかな表紙の写真だ。

僕は潜伏期だった。東京で、まだバンドをやっていることになっている。「使ってもいい？」と当時最年少の町の議員だった友人が一応確認してくれて、まあ大丈夫だろうと思い、どうぞどうぞと言った。

だが、時代は先を行っていた。その写真は、町の広報なので当たり前だがオープンソース。それがなぜかSNSを綱渡りして、東京など各地に届いていたそうだ。そのころ「中村が山口の島にいるらしい」という怪情報が出回っていた、と少しあとで聞いた。いるわけない、いやあれはそうだ、などと。尊敬するバンドの人からも「変な画像出回ってたけど、あれホント?」と訊かれた。

僕も僕で、その日はたまたま、界隈では有名なバンドのTシャツを着て、集合写真に収まっていた。それはかっこいいと思って僕が「Tシャツくん」を使って自作で刷った、世界に一つしかない自慢のTシャツで海賊版。勝負着だ。それは隠そうとしても隠し切れないスペシャル感を放ち、またいかにも僕が着ていそうなTシャツだった。なんでよりによって、僕のバカ。いろんな意味でまずいと思った。でもごまかしようがない。だって好きなんだもん。

島に移住したあとの、僧侶の修行期。その後半、ある事件が起きて、修行のプログラムが少し変わった。「心を動じず、ただ毎日の行に集中するように」とのお達しがあり何も詮索せずに、そのまま行を成就して、島に帰った。

島に帰ったら、妻が騒然としていた。島の友人たちからも「大丈夫?」と次々に連絡があった。どうやら、僕がいた道場が、その頃、事件として各社の全国ニュースになっていたそうだ。あとでニュースの画面の写メを見せてもらったら、僕は現場のCGキャラクターとして出演していた。あの、ボードゲームの「人生ゲーム」の赤と青の棒みたいな人間CG。

ヤフーニュースにも載ったそうだ。

このときも潜伏期。静かにこの道場にいた。

この三日後ぐらいに、ようやく「バンドから脱退」のアナウンスがでた。またヤフーニュースに載った。

ようやく息ができるようになった気分がして、心地よかった。

Gout Go To Goat

二〇二〇年、九月下旬、未明。

いっっっっっっった――――――――――――――!!!!

足の激痛で目が覚め、眠れなくなった。布団の中でのたうち回ることしかできなくなった。

「……くっ、これ、骨折れてるわ」

のたうち回るといっても激痛なので、上半身だけがやけに吠えているだけだ。なんでこうなったのか思い返してみる。そう、昨日の日中、娘の小学校の運動会があったのだ。その後半、毎年恒例の「地域対抗リレー」がおこなわれる。それは、その小学校の伝統行事であり、親が地域ごと、四チームに分かれてバトンを渡して競うプログラムだ。毎年のように僕も全力疾走した。

でも、じつはその前からすでに痛かった。事前に運動会のテント張りなどの準備を保護者が集まっておこなうのが恒例なのだけど、二日前のその準備を終え、家に帰ったら足の親指あたりが鈍痛を打ち始めていた。

「きっと、あの準備のときにひねったんだ」

ケガのきっかけがすでにできていて、本番のリレーの爆走でついに骨が折れた。普段しない走り、使わない筋肉。そうだ、昨年も、衆人環視のもと、第一コーナーでおおいにズッコケて笑いをかっさらったんだ。自分の頭で思い描く理想の走りと、加齢による足の回転の遅さの現実。それらがまったく食い違っていた。

病院が始まる瞬間をねらい、足を引きずりながら診察の門をたたく。アクセルを踏むのが大変だったので、あまり車が通らない農道を通って遠まわりして向かった。

先生「どこが痛いの？」
僕「足の親指あたりです」
どーれ見せてごらん。と先生は言った。激痛なので靴下を脱げず、看護師さんの助けを借りながらとり終わるかどうかぐらいで診断が下った。

先生「うん。典型的な痛風だねえ」

つ、痛風（Gout）か……。

大大大ショック。僕は二〇二〇年になってから、今まで以上にお酒を飲まなくなったのでまさかと思った。でも調べるとお酒だけではなく、食生活、体質などいろんな理由で発症するそうだ。埼玉で暮らす父もかつて痛風になったという。引き継いでしまった。

痛みが増す一方で、静かに農道を引き返して家の前に車を停めて、そこからついに痛みで動けなくなってしまった。

「たすけてぇぇぇぇーーーー!!」

玄関の前で絶叫した。一歩も進めなくなり、涙がポロポロこぼれた。あまりに痛すぎて大笑いもしていた。

玄関を開けて助けに来てくれたのは、小学六年生の娘と、娘の同級生だった。前日が運動会だったため、振替休日で家にいたのだ。

「うごけないの」

泣きながら子どもたちに正直に訴えた。何ごとか、と目をまるくしていた二人は、このみじめな大人を見かねて、なんとか家の中に入れるようにあれこれ道具を持ってきてくれた。

「杖みたいなもの……あるかな」

そう訊くと、これは？　と言って差し出してくれたのが、お遍路用の杖「金剛杖《こんごうづえ》」だった。

「うぉお、助かるよ」

そう言って一歩一歩、杖を足として、ゆっくり、確かめるように、玄関へと歩みを進めていった。大地を踏みしめる一歩のありがたさ、子どもたちの優しさを思った。

玄関までついに入り、子どもたちは事務用のキャスターがついているタイプの椅子を持ってきてくれた。そこに座り、部屋まで運んでくれるという。かしこすぎる。

そこまできて、金剛杖にふと目をやった。そういえば、この杖には上部に布のカバーがあてがわれている。これをおもむろに上にはがしてみた。

キャカラバア

梵字《ぼんじ》が刻まれ、塔婆《とうば》の形に彫られている。そう、これは墓標なのだ。お遍路は修行であり、もし道行く先で力尽きてもそこが天命の場所。それを受け入れての修行だ。だから、この杖は行き倒れた場合の「墓」にもなるのだ。

「ここで死ね、か……」

シャレきついなあ。と思って涙を流しながら笑ったら、激痛が走った。冷や汗がにじみすぎていた。

二〇二〇年、春。一斉休校の時期に、娘とはいろいろな遊びをした。そのうち、ヒマが積み重なり「動物が飼いたい」という話になった。わりと身の回りでも、このタイミングで犬や猫を飼い始める人が多かったので、たしかにいいかもなあと話し合っていたら、「ヤギでいこう」というアイデアが浮上した。ヤギ（Goat）だ。

おもしろそうという理由と、草を食べてくれるという理由と。調べると、動物としてもかなり体が丈夫な部類なようだ。そして、とにかくヒマなので、娘が工作で余っていた木片を使って、表札を作った。まだヤギの当てがないのに、まず、名前をつけた。

その名は「こむぎ」。

通称「ミニヤギ」と呼ばれる、小型のヤギを飼っている方が島にいるのを知っていたので、家族で見学に行くことにした。

飼い主の木村庄吉さんは、定年後、地元であるこの島に戻り、地域を果敢に再整備している方だ。「夕日の丘」や渡り蝶の「アサギマダラ」が飛来する場所を作ったり、島の盛り上げに一役買っている市井《しせい》の方だ。そして、一頭のお母さんヤギから二頭の子ヤギが生まれた。

この時期に、そのかわいい三頭のヤギをSNSでアップしていたのもあり、見学をお願いすると快く受け入れてくださった。

「この子を譲ってもいいんですよね」

ただの見学のつもりが、そのうちの一頭を譲ってくれるという話に展開した。なんでも一頭が、他の二頭にいじめられてしまうんだとか。

その子ヤギの名は「茶々」。つけた名前じゃないけど、いいね。かわいい。突然に現実味を帯びてきて、急ぎ、庭にヤギ小屋を建てることになった。

断水で腰を痛め手術した、前述の川端さん。もともと左官の会社の代表で、親方だった人なのだが、あるとき電話をいただいた。

「使わん鋼管があるけぇ、取りに来てくれたらあげますよ」

なんということ。ありがとうございます！　と言って取りに行ったのが数カ月前。たくさんの、プロ仕様の頑丈な鉄パイプをいただいた。鋼管を切るカッターなども一緒に。その時点では、鋼管のはっきりした使い道は決まっていなかった。

わが家のリフォーム親方の黒木さん（くろき建築工房）にヤギの小屋のことで相談した。

じつは、七年前に移住したばかりの次の次の次の日。島に来て初めての島の仕事となったのは、ジャム屋さんの春のフェスティバルのスタッフだった。しかも、なぜかその日承《うけたまわ》ったのは、「駐車場係のリーダー」だった。なぜだ！　島のことを右も左もまったくわからない僕なのに。よし、任命されてしまったので、まっとうするしかない。

「お、おおせつかりました中村……」

最初のミーティングでおどおど、挙動が不審マックス。それでリーダー挨拶をした。その部下たる駐車場人の中にいたのが、黒木さんだった（もう一人のスタッフはのちに議員となった白鳥法子さん）。

たしか休憩中だったか、終わってからだったか。黒木さんと雑談していたときに聞いたのは、

「ヤギを飼いながら農業をしようと思ってるんよ」

という話だった。実際に、牧場でも働いていた黒木さん。大工もプロ。それをコロナ禍で思い出した。「ヤギ」で「小屋」なら詳しいはず！

「その鋼管があればできる」

と黒木さんは僕に告げた。さらに、以前転居することになった家の「リフォーム後・ナゾ解体」で出た廃材。捨ててもいいところ、「いつか何かに使えるかも」と倉庫に保管しておいたものも、使えるという。ああ、取っといてよかった！

「じゃあ○○日に行きますね」

それぐらいであれば半日でできるということで、一緒に作ってくれるという。ああ、なんということ。

約束の日に来たのは、黒木さんだけでなく、もう一人いた。その人は、見るからに若い人だ。訊くと、

「就職活動前の大学生で、職場体験で来た」

という。黒木さんは日ごろ、大工に興味をもつ若者が圧倒的に少ないことにぶち当たっていたので、意外だったそう。中途採用の募集をかけてもほとんど来ない。新規ではまったく来ない。それでもダメ元で、職場の情報を流していたんだとか。この仕事を次の世代に引き継いでいきたいから。

「意味ないかなと思ってあきらめていたけど、わからんもんだねえ」

と黒木さんは体験に来てくれたことを喜んでいた。三人であっという間に小屋ができ上がって、僕とその若者はびっくりして目を合わせた。

「じつは、譲ろうと思っていたヤギが仲良くなっちゃって」

小屋ができて間もなく、ヤギの木村さんから電話をいただいた。生後四ヵ月を過ぎていた

子ヤギ。今引き離すのはかえって大変なので、いったんナシにしましょうというちょっと残念な連絡をもらった。通常は、もっと小さいうち、乳離れして草を食べ始めたくらい、二ヵ月ごろが親と離す適期なのだとか。

娘は、来なくなったことにかなりがっかりした様子だ。ところが木村さん、

「もともとヤギのことを教えてくださった牧場の方が広島の呉《くれ》にいて、そこのヤギに子どもが生まれることになっている。その子を相談してみますが、どうですか？」

というありがたいお話をくださった。その子は九月に生まれる予定だという。その二ヵ月後は、十一月。

「すぐ飼いたいよ〜」

とあきらめがつかない娘。その子をぜひ、ということで秋まで待つことに決め、その間に学校が再開したりと徐々に戻っていった日々。もやもやは忘れていった。

夏が過ぎ、十月くらいから娘がまた思い出したように「ヤギはまだ？」と言い始めた。ハイハイ、がんばります。柵を作らなくては、と得意でないＤＩＹに手を染める。娘にも手伝ってもらう。十月、十一月、もう米の収穫をしたい。合間を縫ってやりつつ、なんとかギリギリ迎える用意はできた。

十一月中旬、呉の沖にある島に、橋を渡って迎えに行った。

めぇえぇ〜〜

そこにいた子ヤギは、見るからに小さく、薄茶色の体毛、白色の顔をしている。親と離れるのをとてもさみしがるかのような声で鳴いている。ちょっと気の毒。でも、かわいい。

「ほんとに、小麦だねぇ」

家族みんなで喜んだ。当てもなく命名したヤギが、本当にわが家に来た。息子も「こむぎ、かわいい」と同じぐらいのサイズ感で言い合う。ボディは小麦の穂、顔は小麦粉。その子が家族になった。

「こむぎーーーっ」

「めへぇえぇえぇぇ」

返事してくれるようになった。胸がきゅんとする。

黒木さんに「ヤギが来ましたよ」と報告した。すると、

「いや、うちもなんよ」

んん？　何が、と訊くと——。

先ほどの職場体験の若者が、二〇二一年から島に来ることになったという。黒木さんのもとに就職するために。さらにはもう一人、中途採用の移住者がメンバーに加わるんだとか。メンバー加入ブームが、到来した。

ハプニング和尚

二〇二一年一月。ワンノブマイジョブであるところの、とある島外の施設での宿直アルバイトを朝九時に終え、帰宅した。さあてこのあとどの作業をしようか、と家のこたつで考えていた午前十一時。ふいに電話がかかってきた。

「ちんちゃんごめん、このあと、急なんだけど、出勤できる?」

電話の主は、さっきまで宿直していた施設管理のリーダーであり、移住したてのころからの周防大島の友人。さっき施設で交代したばっかりだ。

「あのね今ね震えながら電話してる」

ん?

「……なんかね、空き巣に、入られた、っぽい」

えっ。

「しかもね、家にね、居《お》らんときじゃなくってね、考えたらね、みんながね、寝てるときだったんよ。居《お》るときだったんよ。こわい……」

えーーーーーーーっ。

これから周防大島の自宅に警察が来るという。現場検証にだ。僕は自分の予定のいくつかを調整して、代打を務めるべく、もう一度施設に向かうことになった。

仕事場の施設は、ある企業の福利厚生のための建物で、お客さんだったり社員さんが使用し、宿泊もできる建物。本来なら国内・海外からのお客さんが使っているはずだったのだが、終わりの見えないコロナ対応のなか、社員さんが二週間自主隔離するための場所になり変わっていた。二〇二〇年以降の光景だ。

その日はちょうど、宿泊中の二人が滞在する最後の夜だった。夜九時ごろ、内線がかかってきた。

「はい、フロントです」

僕は受話器をあげ、応答した。

「あ、明日、二人とも朝六時に出ますので」

「はい、承知しました」

「……あの……それから……僕の部屋にさっき電話かけました？」

「えーっと……かけてないですよ」

「そうですか」

そう言って内線の会話は終わった。

そして明くる朝、六時をちょっと回ったころ、二人がフロントにやってきた。二週間分の荷物が入った大きなスーツケースを転がしながら。カギを返してもらい、清算の手続きをした。長いことお疲れさまでした、という気持ちで見送ろうとすると、一人がこんなことを話した。

「あの……ちょっと変な話なんですけど……僕がいた部屋って、誰かから電話かかってくるとか、今までありませんでした？」

……。

「それから……、窓が開いたり、網戸が勝手に開いたり」

…………………。

「なんか、ちょっと白いものが見えたような」

「となりの部屋は、そんなことなかったみたいですが」

と、一緒にいたもう一人を指してそう言った。何それ何それ、なーにそれそれ！　こわい。

彼らを見送ったあと、すぐに部屋を確認しに行った。窓のサッシの滑りはかなりなめらかで、普通よりもちょっとゆるいぐらい。なるほど、この二週の間に来た大寒波で大風の日があったので、それで開いたのかもしれない。……では、電話の件は⁇

じつはそれだけではなかった。この数日前の宿直の日、僕は妻とこのリーダーの友人に、夜遅くやむにやまれずメールを入れていた。なぜか。

それは、夜中十二時過ぎて「絶叫しまくる部屋の声」と「どたばた止まらない足音」を僕は聞いたからだった。これは目に見えない何か、ということではなくて、部屋のどちらかが、もしくは両方が、明らかに「暴れている」という様子だったのだ。

僕だって多少のことでは動じないけれども、このときは尋常でなく、ヘタしたら殴り合ってるか、何か危害を加え合っているかと思ったほどの絶叫と足音が明らかに響き続けていて、宿直室に来たらどうしよう、と不安に駆られてしまっていた。ビビリ。とにかく、ただならぬ気配がしていたのだが、夜遅かったこともあって、そのまま静かにしていたら自分が先に寝てしまった。

その後同僚からは「とくに何もなかった」と聞いていたのだが、「もしや？」と全部が関係しているように思えてきて、その大暴れＤＡＹに何があったのか知りたくなった。

そんなことを考えていたら、誰も居なくなったその施設のフロントの電話がまた鳴った。

「すみません、さっきまで宿泊していた者なのですが」

さっきの人！　なになに今度は何!?

「……あの、間違えて部屋のものを持って帰ってしまったので、今度ついでがあったときに持って行くでもいいですか？」

ああいいですよいいですよ、どうぞどうぞ。それよりもそれよりも。タイミングがあまりによすぎて今度は僕からも聞いた。

「あの、もらったお電話でつかぬことを聞くのですが。数日前の夜、何か変わったことありませんでしたか？　うなされていたとか」

あの叫び声の夜、暴れた夜はなんだった？　受話器の向こうで少し沈黙が流れたのち、

「……いえ、とくに何もありませんでした。となりの彼は、怖い夢を見たとは言っていましたけど」

「なるほど、ありがとうございます」。内心、うそーーーん。怖い夢どころか、実写版大暴れしてましたよ night。それではガチャンと、仕方なく電話を切った。

「いやーんもう大変だったよお」

今度は、自宅での現場検証を終えた友人が交代しに戻ってきた。

「けいじさんが来てからさあ、あの、制服じゃなくって私服のほらあ」

けいじさん？

「ああ、刑事よ刑事、刑事《デカ》のほう」

なるほどー。

「鑑識の人がまたさ、あのポンポンするやつ持ってからさ」

何か現実ではないような現実の話。本当に家族が寝ている間に入っていたようだ。決して少なくない金額だったが、現金だけで済んだのが不幸中の幸い。僕も気をつけようと思いながら今度は、僕のほうから、「こんなことがあって」の報告。かくかくしかじか。

「えーーーーっらそーーーー。なんなのお、こわいんですけどーーーー!!」

本当にお互い「これなんなの」とため息をついた。二週間分の部屋を片付けるクリーニングを、とりあえず一緒にすることになった。僕は二つの部屋を行ったり来たりしながら、何か変わったことはないか、など調べた。ちなみに僕には、何か見えたりする、といった特殊能力は、ない。

前情報によって僕たち二人は「怖い」という観念を得てしまったので、どこか言葉少なに作業を進めていった。部屋の掃除をしながら、僕は以前見たお寺の師匠のふるまい、そして尊敬する和尚さんである現代インド仏教の指導者、佐々井秀嶺さんのこと、その本に書かれていた経験を思い出していた。

僕は掃除をする手を止めて、座った。

「お祓《はら》いしよう」

何かそうしたほうがいい気がして、お経を唱えはじめた。こうしたら祓える、という手順はわからないながらも、懸命に、教わったことをもとに思うままに。僕には特殊能力はない。一生懸命唱えた。祓う気持ち、鎮《しず》める気持ちを全身に込めて。エイッと突然大きな声を出したら、一緒に掃除していたその友人がびっくりしてしまった。そりゃそうだ。

作法を終え、掃除をしながら段々と清々しい気持ちになっていった。そして、振り返ってみて思った。

問い　「あなたの本業って、いったいなに？」

答え　「宿泊施設での、宿直とお祓いです」

おうおうおう！　であえであえ。誰だそのいかがわしいヤツは。もし全国一斉・就職雑学テストがあったら絶対に不正解だ。

奇妙な時間を過ごし、そのあと一息ついた瞬間。マイとんちんかん・デイリーライフを客観的に振り返って、笑ってしまった。

じつは、この問題が起こっていたまさにその日の夜に、メールのやりとりをしていた。アメリカと東京とを結んで。アメリカはテキサス・オースティン。相手は、僕が尊敬してやまないギタリスト・アーティストであるTim Kerrさんだ。世界のDIYやパンク・ハードコアカルチャーの源流であり、現役である伝説の方との、初めてのやりとりだった。緊張と英語で、ひと文打つのに時間がかかりまくっていた。

緊張しながら、おそるおそるイラストの依頼をした。そうしたら、「光栄です」と丁寧な返事をくれたのが、まさにこの日の晩。それがこの本のアートワークだ。

空き巣、お化け、伝説。アメリカ、黄泉、周防大島。

次は何が起こるだろう。

What happens next?

ヤギりの私

仕事の都合上、家に一番いるのが僕。ヤギの「こむぎ」に呼ばれると僕が行く割合が多い。

「めへえええええぇ」

「はーーーーーーい」

ヤギはさみしがる動物だという。本当はお母さんヤギの近くにいたはずなのに、僕らのせいで引き離されてしまった。今は、僕たちみんなが家族。見守ってあげなきゃ。僕のなかの母性が目覚めてきた感じがしている。

草を食べる様子も、見れば見るほど興味深い。なるべく多くの種類を食べようとしていて、草も、樹木もおいしそうにむしゃむしゃ食べる。見ていたら、僕もそのまま食べてしまいたくなった。

胃は人間と違って四つあるという。その一つ目から口に戻して、何度も反芻して食事を楽しむ。毒の草を食べすぎると、四つもあるので毒がなかなか外に排出できないとか。先輩ヤギ飼いである姫路の友人・森原由香さんは、

「水仙を大量に食べたときは大変だったよおおお〜。気をつけてね」

とアドバイスをくれた。水仙がそこら中に生えている近隣である。目をやると、ちょいちょい食べている。最初はうわわああ！　と慌てたけど、少しくらい食べても平気な様子だ。ふう、よかった。乳離れをしたら、親ヤギが草の食べ方を教えていくんだそうで、途中で引き離したので、「こむぎ」は自分で覚えなきゃいけないのかな、僕らが教えたほうがいいのかな、と疑問が湧いた。ふと人間の「教育」のことに思いも向く。

野ばらが大好物なのもわかった。とげが生えていても「かまわん」とばかりにむさぼりつく。僕が植えていた数々の苗木類はことごとく丸裸にされてしまった。しょ、しょうがない。わが子だもん……。僕のなかの母性はぐんぐん育ってきた。

小屋を作るとき、どうしても場所の邪魔になっていた雑木の太い枝をどさっと切って、小屋の前に放っておいた。そうしたら、その木の葉も大好物らしく、数日でその枝は丸裸になった。その樹木はニレというらしく、近所の人も「これ生えるとしぶといんよね」と庭や

畑でもちょっといやがられるほどの存在だ。

小屋のまわりはこむぎの生活圏であり、そこに糞をしていくのだけど、コーヒー豆と並べたらすぐには見分けがつかなそうなサイズ感と色合いのコロコロうんち。「いきなり団粒構造」な土に見えなくもない、土みたいなうんち。手でつまんでみたけど、驚くほど匂いがない。今が冬だからか。植物とヤギが織りなすお団子。

「糞を分解するやつが来るのかな」

今までいなかった、フンコロガシ的な虫の到来も想像する。だけど、きっと来るのはハエとか甲虫とか、さらには目に見えないサイズのものなんだろう。知らず知らずのうちに、そのコーヒー豆を小さくしていくんだろうな。

それにしても、ニレを食べたヤギのお尻から出たニレ団子が、そこのニレ自身の肥料になる。どんな循環なんだ？　と思った。


そのころ米農家兼ラジオディレクターの三浦さんと、周防大島を軸にしたラジオ特番の三回目を制作していた。今回のテーマは「周防大島で育った人の声」。小中学生の子どもと、成人になって間もない人の話を聞いてみた。その中で、島を一回出て戻ってきた方に、「都会に行きたかった理由は？」「島に求めるものは？」と訊くと、一つ、こんな答えが返ってきた。

「人」

どういうことだろう。

その前のインタビュー中に、ある一人は、

「あこがれていった都会（大阪）で、あまりの人の多さに酔った」

「そしてトイレで吐いた」

と言っていた。その文脈での「島に求めるものは、人」って、何を意味しているのだろうか。

詳しく聞くと子ども時代に嫌だったのが、友だち同士の、「家の距離が遠すぎる」ということだった。一緒に遊べる子が歩いていけるほどの距離の近所に、なかなかいないのだ。たとえば、学校を挟んで、歩いて片道一時間同士。下校して家に帰ってしまうと「さて会おう」となったら二時間かかってしまう。その距離が遊びを考えさせてしまう。

「野の畑　みやた農園」の宮田正樹さんの、中学生の娘さんは、インタビューで小学生時代から「山遊び」をしていたと話してくれた。山遊びとは、山での「ママゴト」など。それが楽しかったとのこと。その遊び、一人でもできるかな？　と野暮ながら訊いてみたら、

「友だちがいたからできたと思う」

と話してくれた。近所に一歳上の友だちができて、その子と一緒に遊んでいたそう。そうなると、近くに人がいなかったら、あきらめるしかない。

そこで、遊びがオンライン化のほうに振れてしまうというのも、じつは認めざるをえないところがある。YouTube、Nintendo Switch、大フィーバーだ。

「人ごみにいると酔ってしまう」

けれども、

「人がいてほしい」

この言葉は、とても切実な気持ちをはらんでいるように思う。人がいてほしいのは、遊びたいから。この環境の中で、遊びたい。そういう願いを僕は受け取ってしまった感覚だ。

このインタビューシリーズの中で、もう一つ目立っていたのが、

「公園が欲しい」

「アスレチックが欲しい」

「遊園地が欲しい」

という声の多さだった。番組を編集しながら三浦さん、

「なぜ人工物じゃないといけないんだ？」

と言っていたけど、たしかになぜなんだろう。外で体を動かしたい、危険なことに身を置

きたいという意志なんだろうか。

人がいてほしい

↑

遊びたい

↑

公園が欲しい

↑

人が過剰に多いと酔ってしまう

一連の流れからは、ある意味を聞きとれそうだ。本能的に、友だちが近くにいてほしい。何度もこの流れを眺めて、反芻してみる――。

「人が近くにいてほしい」というのは、何も人間だけじゃない。ヤギもそうなのだ。めえーーーーーーと呼ぶのは、そばにいてほしいから。そばに行ったら行ったで「え？　呼んでないよ」ぐらいの素っ気なさで草を食べ始めるから「っんったくもうっ」だけど、またいなくなったら「めぇえ」と呼び出され、自分の作業の手が止まる。んもうっ。かわいい。

ちなみに、もし普段ヤギ同士でいられればこうはならないみたい。僕やうちの家族だけでなく、誰か人が来てくれるだけで安心するようだ。ヤギは群れる動物だからだろうか。

なんなら、イノシシが小屋の近くまでやってきてもまったく鳴きもせず動じもしない。そのことにも驚いた。ドングリとか葉っぱとかを食べる者同士、「敵」とは認定していないからなのかな。もうちょっとイノシシを追い払ったりしてくれたらいいのに。ちょっと拍子抜け。


とにかく。

人は、近くに誰か友だちがいるだけで楽しいと感じる、というのはインタビューを通してわかってきた。人を求めて、島から町へ、都会へ出る。出た先で、「いろんな人がいる」ということがわかってよかった、という声もあった。でも、人によってはだけど、あまりに過剰に人が多ければ気持ちが悪くなる。島に帰ってきたら、落ち着く。

たぶん、ちょうどいい塩梅の、「人の集まり」というのはありそうだ。それは、まだ大人の社会にどっぷり浸かっていない子どもから聞くことでしか、わからないだろう。大人はあまりにとらわれているものが多すぎるから。

これから僕自身は、下の世代の声に耳を澄ませたいと思った。彼ら彼女らのメッセージの内容もあるけれども、何かしらの「メッセージを発しているんだ」というメッセージがある。それを感じたいという思いが強くなった。その声を聞くことが、僕たち自身の生き方の焦点を合わせてくれるように思う。

人間の若者だけでなく、地域のいろんなもの。生き物や、海や山や、岩や、風や天気や、土。その声を聞くほうが、きっと流れがよくなると思う。上から下に水が流れるように。地下水が涵養《かんよう》するように。


ヤギを飼い始めて、近所の人にちょくちょく声をかけられる。

「昔はここらみんなヤギ飼《こ》うちょったんよ」

「わしら、ヤギの乳で育ったようなもんよ」

どうやらこのあたり一帯、ヤギも牛も飼っていたのだそうだ。牛は田畑の耕うん用で、その乳を兼業で集める仕事をする人もいたんだとか。七十代の方から聞いた子ども時代の話なので、そう遠くない昔だ。知らず知らずに巡っている。だとしたら、どう引き継いでいこうか。


この秋から、「野の畑 みやた農園」に週一回通っている。お手伝いを、ということで声をかけてもらったのだったけど、僕のほうこそ毎回学ばせてもらっている。その際のふとした瞬間、宮田正樹さんが言う小さなひと言に耳を奪われる。たとえば、間違ってミニトマトの枝を折ってしまった瞬間、

「おっと、ごめんね」

冬に入り、山芋のつるの間に寒さをわずかにかわして生き残っていたキュウリを見つけて、

「おつかれさま」

本当にささやくようなひと言なのだけど、こうやって普段からコミュニケーションをとっていることに、感激した。

先ほどのラジオ・インタビュー番組の中で聞いた、宮田さんの娘さんの声。

コロナ禍で、あまりにヒマになった中学三年の彼女と高校生のお兄ちゃん。ある日こんなことを思いつく。二人で家にしまってあったテントを取り出し、一日かけて立てた。家の庭に。そして、家でご飯を食べたらテントに寝泊まりするようになった。数歩進んだだけの庭先へ。それがとても楽しかったんだとか。晴れの日も、雨の日も庭先へ。星空。雨がテントに当たる音が聞こえる。

そのとき、お兄ちゃんがテントにラジオを持って入っていて、毎晩テントの中でお気に入りのラジオ番組が流れていた。学校で作ったラジオ受信機だそうだ。

「その番組がすごくおもしろかったんですよ」

最後の中学生活を過ごしている二〇二〇年の五月、全国の一斉休校が明け、給食の時間の風景は変わった。机を向かい合わせず、それぞれ前を向いて黙々と食べる。

「それまではおしゃべりしながらわいわい食べてたんですが、急に静かになってしまったので、なにかできないかなあと思って」

そこで、彼女はお昼の時間に全校で流す「ラジオ放送」を思いついた。そう、お兄ちゃんとのテントでの体験がきっかけになったのだ。生徒会長をしていたので、顧問の先生にさっそく相談するとすぐにその話に乗ってくれて、思いついてからあっという間に実現にこぎつけた。

なんと、初回の放送から反応があったそう。あちこちで爆笑が起こったみたいで、うれしかったと彼女。教室にラジオの質問ＢＯＸを置いたら大量に入っていて「リスナー」とのコミュニケーションがいきなり生まれた。先生や生徒に歌を歌わせたり、ぶっちゃけ話を聞いたり、「番組」の作りもとても工夫していて、それがまた生徒を楽しませていた。この話を聞いているだけで楽しくなってくる。

与えられた条件で目いっぱい楽しむ。

それは先ほど書いた「山遊び」でも感じられた。彼女は「両親が農家なので、畑にいるのがとても好き」という。土の上にいるのが落ち着く。小さい子たちからは公園が欲しいという意見が多いよ、と言うと、

「え!?　なんでやろ。なくても充分楽しいのに」

とちょっとびっくりな反応。一緒になって笑ってしまった。

彼女は家族が大好き、と。食卓では、いつも誰かがおしゃべりをしていて、会話が続いている。それはこちらまでうきうきしてしまうような話しぶりだった。

宮田さんたちはこの冬、降って湧いたような突然の話で、家を譲り受け、今までの家のすぐ近所に引っ越した。その建物は、いわく昔ながらの「農家仕様の家」で、宮田さん夫婦もとても喜んでいて、また子どもたちも「すぐにでも引っ越ししたい」と言ったぐらいのお気に入り。

降って湧いたと書いたけれども、本当はそれまでの日々の営みが実を結んだから、ということなんだと思う。農家としてやりたいことを地道に続け、ときには大変。ときには大きな喜び。その繰り返しが、畑も家も譲り受けることに、結果的につながった。娘さんをして「畑が落ち着く」。そういう言葉が出たのも、そう。日々の営みの先に、確かな未来がつな

がっている。

宮田さん家《ち》の引っ越しの際に出た不用品を、中村家はたくさん譲り受けた。新しいメンバー、ヤギの住まいが必要になったからだ。

そのうちの一つが、宮田さんが野菜を入れたりしていた木箱。「みや田」と書いてあるものだ。それを持ち帰って、毛布を敷くとヤギのこむぎはその上で寝泊まりするようになった。どうやら気に入ったようだ。

しばらくして、今度は宮田さん家の犬、リリィが宮田家の一員になったときに作ったという犬小屋をいただいた。作ったものの、リリィはまったくといっていいほど入らなかったそうだ。使う当てがなかったので、燃やそうとしていたところだった。

わが家のこむぎにも、ちょっと大きめだけど小屋を作った。僕が苦手なＤＩＹで手作りして、その中に「みや田」箱を置いている。どうだろう、新しい小屋は使うかな～？　犬の匂いがするから嫌がるかな～？

持って帰ったまさにその日、こむぎは一目散にその新しいリリィ小屋の中に入っていった。まるで、ずっと前から自分の家だったかのように。

僕が作ったんじゃなくて、ちゃんとした家、ほしかったんだね。ごめんごめん。

あとがき

最後まで読んでくださって、ありがとうございました。

全編とおして「あれま、農業のことあんまり触れてないな」と思ったのは何を隠そう、この僕。ファーム、ってタイトルつけたのに。そういう意味でも僕自身、きっと道半ばである。

農の世界で体験していることは今、僕のベーシックになっている。最初の大きなきっかけとなった、青森のリンゴ農家の木村秋則さん、それから研修でお世話になった明石誠一さん。全国各地の農家さんの圃場を見て、話を聴いていると、その「観察」の姿勢が尋常でないことにいつも驚かされてきた。

僕はその影響を、島での暮らし全体に援用しているところがある。振り返ってみてそう思った。今は島の一つ一つに新鮮に感動しているけど、生活に慣れるにしたがって、もしかしたら心が動かなくなってしまうかもしれない。そういう微細な一つ一つを記録した。畑の中は毎日、僕の知らない謎の営みが繰り広げられていて、そんな瞬間を見るたびに、笑みがこぼれてしまう。

二〇二一年。島で暮らすようになってまる八年を迎えたが、じつは今、これまでで一番忙しい気がする。東京にいたときよりも忙しい。どうしてこうなっちゃったんだろう。これは本意なのか、不本意なのか。梅との向き合い。お米を育てる。苗木を植える。草刈りをする。通販の発送、毎月のお寺のお勤め、毎月のラジオ出演——。

オンラインでの学びの取り組み。森田真生さんとの「生命ラジオ」がスタートした。もともとラジオ局で働きたかったぐらいの、僕である。メールを書いたり、配信の仕込みをしたり。最初にも書いたけど、今まで疑問を感じることが多く、だからこそこんな生き方になってしまった。生きることを考えたいというのがもともと自分に流れているのかもしれない。島に来て出会えた京都の森田さんにとても影響を受け続けている。このプロジェクトは充実感が詰まっている。

ミシマ社との月に一回のオンラインマルシェ「中村明珍のこみゅにてぃわ」も始まった。誰にどんな話を聞いたらおもしろいかな。大きな声ではない、小さくて、おもしろい声。顔が見えまくる生産者。どこかに生き方をシフトしたいと思っている人がいるかもしれない。

届いてくれたらいいな。これまで音楽ライブ制作で大事にしてきたところを、同じように大事にして作っていく。違うジャンルでも、テンションはどうしたって反映されてしまう。そうしたほうがいい。

年に一回、島の三浦宏之さんとインタビューのラジオ特番を作っている。どんなふうに耳を澄ませられるかが勝負。これは年に三回に昇格しそうだ。

音楽も必要があるときには、そのときの感覚で演奏する。お米の配達先ではちょっとした話を聞けたりもする。現金を稼ぐのはいろんなことを総合して。宿直のバイト、事務員のバイト、誰かの農作業のお手伝い。

来年も七月は大雨が降るかもな。また何かトラブルがあったら動かなきゃ。そもそも、トラブルの元になっていることが何かを知りたい。対症療法は必要な場面もあるけど、源流をたどって改善することなしに、同じことを繰り返すのは本当に楽しくない。

コロナもあってもっと出来事が加速している。もともとの疑問はだいたい同じ場所につながっている。そもそも、生きるとは何か、どうやって生きるかを考えないと、そのあとのいざこざはまた何度も繰り返すだろう、とも思う。いろいろなことが攪拌《かくはん》されて浮き上がったもの、沈んだものが自分のなかでもたくさんある。それらを一つずつ拾っている状態なのかも。

大きい声に興味がなかった。小さい声、ささやかなことに「おもしろ」が詰まっているという感覚がずっとあって。それがよりいっそう、気になっているのかもしれない。

ここで、島での毎日を生きられるようになったきっかけをくれた方々、本文で触れられなかった方を中心に、感謝の気持ちを伝えさせてください。東京・久我山にある居酒屋「くが野」。松崎千代さんと故・松崎誠吉さん夫妻と常連さん。精神的に参って毎夜のようにカウンターでどんよりしていた僕をこっちへおいでとケアしてくれた。その常連の一人が、あとで島の落語会を一緒に作ることになる立川企画の立山恵子さんだ。その後、再び毎夜カウンターに居座ることになった東京・荻窪の「寄港地」では江口正明オーナーが優しく受け止めてくれて、人生の転機となる本や出会いをくれた。一回や二回ではない。店員の詩乃さん、志賀ちゃん、伊藤ちゃんがまるで昔からの友だちのように接してくれた。この二つの場所と人は、まぎれもなく駆け込み寺だった。またこの時期に相談に乗ってくれたり、あちこち連れ出してくれた友人たちに、心から救われた。

ミシマ社の三島邦弘さんは、出会ってから毎年公私問わず島に足を運んでくれて、人間として温かく向き合ってくれる大きな存在だ。チャレンジを惜しまない姿にとても影響を受けている。編集の星野友里さんが、僕のつたない文章を励まし育ててくださった上、僕の思いつきや迷いなどを見事にアレンジして、この本を大切に編んでくださった。このお二人だけでなく、自由が丘、京都のオフィスに足を運んだ際、ちゃぶ台でお弁当を囲む時間に招いてくれて、この闖入《ちんにゅう》男の話を聴いてくださった社内の皆さんが忘れられない。このチームも、僕にとっての駆け込み寺。まさかここから出版してもらえるなんて。本を形づくる一手を引き受けてくれた、ブックデザインの漆原悠一さん（tento）は、このややこしい生き方とアイデアをまるで仏像を彫るように、最高なデザインの本に仕上げて、この世に作り出してくださった。表紙イラストを受けたデザインの見事さに圧倒された。海を越えてイラストを快諾してくれたTim Kerrさん、そのきっかけをくれた旧友のJoshua Barry。こんな奇跡的なことがあるのかと思った。心からの感謝を伝えたいです。そしてあらためて、この本は森田真生さんと内田樹さんと出会ったこと、日々勇気を贈ってくれたことで生まれました。感謝をしてもしきれません。

ライブハウスでこれまで出会った皆さんや音楽を聴いてくださった皆さん。島に遊びに来てくれた友人たちや、会いに来てくれた皆さん。夫婦で運営している大切な取り組み、寄り道バザールの活動を支えてくださるサポーターの皆さん、初回を飾ってくれた知久寿焼さん、友部正人さん、キセルや二階堂和美さん。カクバリズムと角張渉くん。いつも陰日向にサポートしてくれてありがとうございます。いつか何かでお返ししたいです。

埼玉の両親。島の両親。生まれてからここまで、予想のつかない息子の人生を見守ってくれて、ありがとう。

何より、妻・貴子に最大の感謝を捧げたい。このどたばたの夫と一緒にいてくれるなんて。二人の子どもと、ヤギのこむぎにも。いつも、ありがとう。

周防大島の島民の方々へ、居させてくれて、本当にありがとうございます。他にも感謝を伝えたい人がたくさんいる。島の土地や生き物にも。感謝の気持ちが尽きません。

さてさて、これからどんな出来事が起こるでしょうか。僕も、一日一日を味わっていきます。皆さんもよい一日を、どうかお過ごしください。感謝と、祈りを込めて。

二〇二一年二月　梅の花が咲いている季節に。

中村明珍

本書は「みんなのミシマガジン」（mishimaga.com）に
「ダンス・イン・ザ・ファーム」（二〇一八年四月〜二〇二〇年十月）と題して
連載されたものに、雑誌『ちゃぶ台』（Vol.2〜5、ミシマ社）、
「tocotoco」に寄稿した原稿を加え、再構成し、加筆・修正したものです。

中村明珍
（なかむら・みょうちん）

1978年東京生まれ。2013年までロックバンド銀杏BOYZのギタリスト・チン中村として活動。2013年3月末に山口県・周防大島に移住後、「中村農園」で農業に取り組みながら、僧侶として暮らす。また、農産物の販売とライブイベントなどの企画を行う「寄り道バザール」を夫婦で運営中。

ブックデザイン　漆原悠一（tento）
装画　Tim Kerr

ダンス・イン・ザ・ファーム
周防大島で坊主と農家と他いろいろ

2021年3月19日　初版第一刷発行
2021年4月28日　初版第二刷発行

著者　中村明珍
発行者　三島邦弘
発行所　（株）ミシマ社
〒152-0035　東京都目黒区自由が丘2-6-13
電　話：03（3724）5616
FAX：03（3724）5618
e-mail. hatena@mishimasha.com
URL. http://www.mishimasha.com/
振替　00160-1-372976
印刷・製本　藤原印刷（株）
組版　（有）エヴリ・シンク

ISBN 978-4-909394-47-7

好評既刊

すべて価格税別

ちゃぶ台「移住×仕事」号

2015年10月刊／ISBN978-4-903908-67-0／1500円

ちゃぶ台 Vol.2「革命前々夜」号

2016年10月刊／ISBN978-4-903908-85-4／1500円

ちゃぶ台 Vol.3「教育×地元」号

2017年10月刊／ISBN978-4-909394-00-2／1500円

ちゃぶ台 Vol.4「発酵×経済」号

2018年10月刊／ISBN978-4-909394-15-6／1600円

ちゃぶ台 Vol.5「宗教×政治」号

2019年10月刊／ISBN978-4-909394-28-6／1600円

ちゃぶ台6
特集：非常時代を明るく生きる

2020年11月刊
ISBN978-4-909394-42-2
1600円

非常事態が日常となった今、「正しい道」ではなく、「息のしやすそうな道」を見つけるために。「生活者のための総合雑誌」として、今号よりリニューアル。

好評既刊

すべて価格税別

日本習合論／内田 樹

「習合」は少数派が生きるための知恵と技。

外来のものと土着のものが共生するとき、もっとも日本人の創造性が発揮される。著者の新たな代表作。

ISBN978-4-909394-40-8／1800円

数学の贈り物／森田真生

いま(present)、この儚さとこの豊かさ。

独立研究者として、子の親として、一人の人間として。ひとつの生命体が渾身で放った、清冽なる19篇。著者初の随筆集。

ISBN978-4-909394-19-4／1600円

何度でもオールライトと歌え／後藤正文

俺たちの時代で、断絶を起こしたくない。

2011.3.9以降、書かずにはいられなかった魂の言葉たち。文学と論壇――両者を縦横無尽に行き来する新旗手現る！

ISBN978-4-903908-75-5／1500円

ボクは坊さん。／白川密成

24歳、突然、住職に。

仏教は「坊さん」だけが独占するには、あまりにもったいない！大師の言葉とともに贈る、ポップソングみたいな坊さん生活。

ISBN978-4-903908-16-8／1600円